학교생활부터 SNS까지, 상황별 맞춤 솔루션!

곤란한 순간, 어떻게 말하지?

글 사이토 다카시
옮김 고향옥

기탄출판

【 작가의 말 】

친구들과 사이좋게 지내기 위해서는
말을 어떻게 하느냐가 중요해요.

여러분 주위에는 말을 아주 유쾌하게 잘하는 사람이 있나요? 그런 사람과 같이 있으면 절로 즐거워지지요. 반대로 언제나 말투에 삐죽삐죽 가시가 돋아 있는 사람한테는 말을 걸고 싶은 마음이 들지 않을 거예요.

이렇듯 **말을 어떻게 하느냐에 따라서 상대방은 여러분을 '다정한 사람', '씩씩한 사람' 혹은 '무서운 사람'이라고 생각할 수 있어요.** 아무리 씩씩한 사람이라도 모기만 한 소리로 들릴락

말락 소곤거린다면 남들에게는 기운이 없는 사람으로 보일 거예요. 또 아무리 마음이 따뜻한 사람이라도 말투가 쌀쌀맞으면 차가운 사람이라고 오해를 받을 수 있고요.

"어쩌지? 나는 말을 잘 못하는데……."라고 미리 걱정하지 마세요. 말하는 능력, 소통하는 능력은 스포츠나 악기 연주와 같아서 연습하면 할수록 좋아져요. 말하기 요령을 익힌 다음 꾸준히 연습하면 누구와도 어려움 없이 대화할 수 있을 거예요.

남과 자신을 비교할 필요도 없어요. 여러분 나름대로 어떤 식으로 표현하고 싶은지, 또 어떤 식으로 친구들의 이야기를 듣고

싶은지 생각하면서 말을 하면 된답니다. 먼저 말을 꺼내는 게 어색하다면 상대방의 이야기를 들으면서 고개를 끄덕이기만 해도 괜찮아요. 그렇게만 해도 상대방은 여러분과 대화를 나누는 게 즐거울 테니까요.

결국, 말하기의 가장 기본이 되는 것은 상대방에 대한 배려랍니다. '이 사람과 친하게 지내고 싶어.', '이 사람을 응원하고 싶어.'라는 마음만 있으면 자연스레 상대방에게 상처 주지 않는 말을 골라 하게 되고, 내 이야기만 하기보다는 상대방의 이야기에 귀를 기울이게 될 거예요.

이 책을 통해 '내 마음을 전하는 방법'에 대해 배울 수 있기를 바랍니다.

사이토 다카시

정해진 답은 없어. 가장 나다운 표현을 골라 말하면 돼!

기본! 도전! 이 정도도 OK!

이 책에서 여러분과 함께할 친구들

예은
치어리더로 활약 중이다. 성격이 밝고 야무지지만 가끔 지나칠 정도로 깐깐하게 굴기도 한다.

준서
축구는 참 잘하지만 수영은 젬병이다. 마음이 너그럽고 리더십이 강해 친구들에게 인기가 많다.

서아
사람들 앞에서 말하는 걸 힘들어한다. 어려움에 처한 친구를 위로할 줄 아는, 마음이 따뜻한 아이다.

도윤
머리 좋고 아는 것이 많아서 이따금 어려운 말을 쓴다. 분위기를 썰렁하게 만들기도 하지만 남을 잘 도와준다.

사이토 다카시 선생님
대학교수이자 일본 최고의 교육 전문가. CEO들의 멘토로 유명하다. 텔레비전에도 종종 출연한다.

작가의 말

친구들과 사이좋게 지내기 위해서는 말을 어떻게 하느냐가 중요해요. 2

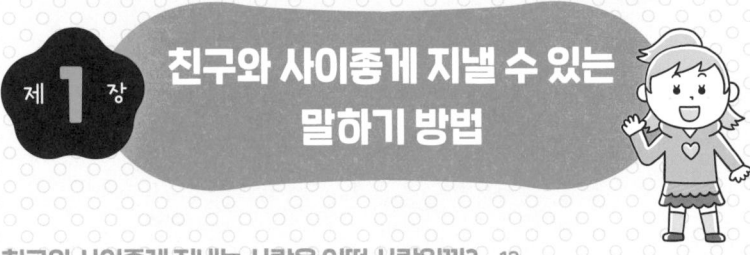

제 1 장 **친구와 사이좋게 지낼 수 있는 말하기 방법**

친구와 사이좋게 지내는 사람은 어떤 사람일까? 12

| 친해지기 | 어떻게 말해야 친구를 사귈 수 있을까? 14
| 인사하기 | 어떻게 인사를 해야 할지 모르겠어! 22
| 대화하기 | 사람들이 내 이야기를 지루해하는 것 같아. 나도 대화를 재미있게 하고 싶어! 28
| 친해지기 | 친해지고 싶은 아이가 있는데, 어떻게 말을 건네면 좋을까? 34
| 대화하기 | 소풍 가는 버스 안에서 안 친한 아이의 옆자리에 앉았어. 너무 어색해! 42
| 친해지기 | 아이들 무리에 끼고 싶은데, 한 번도 같이 놀아 본 적이 없어서 말을 건네기 힘들어……. 48
| 대화하기 | 학교에 갔더니 모두 신나게 이야기하고 있잖아! 나도 끼고 싶어……. 54

감정 전하기	내 감정을 말로 설명하기가 어려워. 나조차도 이게 무슨 감정인지 헷갈려. 60
감정 전하기	이상한 별명으로 부르거나 기분 나쁜 말을 하는 아이가 있는데, 어떡하면 좋지? 66
거절하기	친구가 "공원에서 같이 놀자."라고 했는데, 하필 그날 다른 약속이 있어. 어떻게 거절하지? 72
사과하기	아침에 눈을 떴더니, 친구와 만나기로 한 약속 시간이야! 친구한테 뭐라고 하면 좋을까? 78
화해하기	친구와 싸웠어. 나는 잘못한 게 없는 것 같은데, 이대로 사이가 나빠지는 건 싫어! 84
오해 풀기	오해를 받았어. 그런 뜻으로 말한 게 아니었는데……. 90
위로하기	이어달리기 마지막 주자였던 친구가 넘어져 꼴찌를 했어. 속상해하는데, 어떤 말을 건네야 할까? 96
알려 주기	친구에게 축구를 알려 주어도 이해가 안 되나 봐. 어떻게 하면 잘 알려 줄 수 있을까? 102
문제 발생!	친구가 다른 친구의 험담을 해! 108

제 2 장 학교에서 유용하게 쓸 수 있는 말하기 방법

학교에서 의사소통할 때 가져야 하는 마음가짐 114

| 자기소개하기 | 새 학년이 시작되었어. 멋지게 자기소개를 하고 싶어! 116

| 도움 요청하기 | 선생님이 종이접기를 가르쳐 주셨는데, 나만 못 접고 있어. 누가 좀 도와줘! 122

| 상황 설명하기 | 큰일 났어! 같이 놀던 친구가 다쳤는데, 뭐라고 말해야 할지 모르겠어! 128

| 기억하기 | 이동 수업 날, 선생님이 주의할 것들을 말씀하셨는데 홀랑 까먹었어! 134

| 모둠 활동하기 | 모둠 발표를 해야 하는데, 한 아이가 아무것도 준비해 오지 않았어! 142

| 모둠 활동하기 | 어쩌면 좋지? 모둠장이 되었는데, 뭘 어떻게 해야 할지 모르겠어! 148

| 의견 내기 | 의견을 내라는데, 도저히 무슨 말을 해야 할지 모르겠어. 154

| 의견 내기 | 내가 이야기를 하면 모두들 고개를 갸웃거려. 이해가 잘 안 되나 봐. 162

| 의견 내기 | 나 혼자만 다른 의견일 때는 어떻게 해야 할까? 168

| 의견 내기 | 내가 낸 의견이 너무 보잘것없는 것 같아서 걱정이야……. 174
| 문제 발생! | 학급 회의에서 사회를 맡았는데, 아무도 의견을 내지 않아! 184
| 반대 의견 내기 | 반대 의견을 내고 싶지만 싫어할 것 같아서 말을 못 하겠어. 188
| 반대 의견 내기 | 누가 내 의견에 반대하면 불안하고 초조해져! 194
| 토론하기 | 나도 토론에 참여하고 싶은데, 어떤 역할을 하면 좋을까? 200
| 의견 정리하기 | 의견이 너무 많이 나와서 정리가 하나도 안 돼! 206
| 발표하기 | 사람들 앞에서 발표할 때 무엇을 신경 써야 할까? 212
| 발표하기 | 조금 있으면 발표 시작이야. 너무 긴장돼. 어쩌면 좋아! 218

제 3 장 긴장하지 않고 어른들과 대화할 수 있는 말하기 방법

선생님이나 친척 어른과 대화할 때 긴장이 돼! 226

| 감사 인사하기 | 큰아버지가 수학 문제를 가르쳐 주셨는데, 뭐라고 감사 인사를 해야 할지 모르겠어. 228
| 부탁하기 | 선생님께 드릴 말씀이 있는데 바쁘신 것 같아. 말을 걸어도 될까? 234
| 허락받기 | 삼촌 집에서 재미있는 만화책을 발견했어! 허락 없이 읽으면 안 되겠지……? 240

| 칭찬하기 | 옆집 아저씨가 그린 그림이 무척 멋지길래 "완전 대박!"이라고 했다가 엄마에게 눈총을 받았어. **246** |

| 전화받기 | 집에 혼자 있는데 전화가 왔어. 받아야 해? 말아야 해? **254** |

| 확인하기 | 선생님이 숙제 내신 페이지에는 그림밖에 없어. 혹시 잘못 말씀하셨나? **260** |

SNS를 안전하고 즐겁게 사용할 수 있는 말하기 방법

꼭 SNS를 사용해야 한다면……. 266

| SNS 사용하기 | SNS를 사용할 때 꼭 지켜야 하는 규칙을 가르쳐 줘! **268** |

| SNS 사용하기 | 친구가 만든 그룹 채팅방에 초대받았는데, 들어가도 될까? **276** |

| SNS 사용하기 | 내가 보낸 메시지에 답장이 오지 않아. 혹시 무시당한 건가? **280** |

| SNS 사용하기 | SNS 때문에 너무 피곤해. 그런데도 계속해야 할까? **284** |

맺는말

'모두 달라서, 모두가 좋아.'라는 마음으로 하루하루를 즐겁게! **286**

제 1 장

친구와 사이좋게 지낼 수 있는 말하기 방법

친구와 사이좋게 지내는 사람은 어떤 사람일까?

여러분이 생각하는 '친구'란 어떤 사람인가요? 매일 함께 시간을 보내는 사람? 아니면 마음을 터놓을 수 있는 사람?

아무리 친하다 해도 때때로 서로에게 상처를 주는 관계는 친구 사이라고 하기 어려울 거예요. 친구란 "그 만화 재미있지?", "오늘 집에 같이 가자."와 같이 사소한 이야기를 가볍게 주고받으며 서로 즐겁게 지내는 관계를 말해요. 그저 별 생각 없이

함께 이야기를 나눴을 뿐인데도 어느새 마음이 편안해지는 사람. 친구란 바로 그런 사람이지요.

그렇다면 어떻게 그런 친구를 사귈 수 있을까요? 또 친구와 사이좋게 지내려면 어떻게 말을 해야 할까요? 이제부터 이 책을 통해 말하기 방법에 대해 함께 배워 보도록 합시다.

【친해지기】

어떻게 말해야 친구를 사귈 수 있을까?

친구를 사귈 수 있는 말하기 방법이 있다고?

① 상대방을 바라보며 말하자.

② 긍정적으로 말하자.

③ 상대방을 무시하는 말을 하지 말자.

④ "아, 그렇구나!"라고 상대방에게 공감하자.

⑤ 웃는 얼굴을 잊지 말자.

친구가 생기는 말하기 방법 5가지를 소개해요.

 ① 상대방을 바라보며 말하자.

대화는 혼자서 할 수 없어요. 상대방이 있어야만 가능하지요. 그런데 상대방을 보지도 않고 말을 한다면 어떻게 될까요? 상대방은 여러분의 말에 집중하지 못해 대화가 제대로 이어지지 않을 거예요.

우선 말을 건넬 때는 상대방을 향해 몸을 돌려 보세요. 그러면 자연스럽게 얼굴도 상대방을 향하게 될 거예요. 이 상태로 상대방의 눈을 1초쯤 가만히 쳐다보아요.

혹시 여러분은 '실 전화기' 놀이를 해 본 적이 있나요? 종이컵 2개를 실로 연결한 뒤, 한 사람이 종이컵에 대고 말하면 소리가 실을 타고 맞은편 종이컵으로 전달되는 놀이지요. 상대방의 눈을 쳐다볼 때면 마치 실 전화기의 실과 같이, 상대방과 나 사이를 이어 주는 듯한 '선'이 생겨요. 나는 이것을 **'의식의 선'**이라고 부른답니다. 이 의식의 선은 '내가 지금부터 너에게 이야기를 할 거야.'라는 신호이기도 하지요. 이렇게 신호를 보내는 것만으로도 상대방은 여러분의 이야기에 귀를 기울이게 될 거예요.

② 긍정적으로 말하자.

여러분은 부정적인 이야기를 계속 듣고 있으면 어떤가요? 짜증도 나고 피곤하지요? 예를 들어, 앞머리를 짧게 잘랐는데 친구가 나를 보고 대뜸 "이상해."라고 부정적으로 말하면 기분이 무척 언짢아질 거예요. 반대로 "잘 어울려!"라고 긍정적으로 말해 준다면 분명 기쁘겠지요.

③ 상대방을 무시하는 말을 하지 말자.

　대화는 공을 주고받는 캐치볼과 비슷하답니다. 내가 말을 던지면 상대방이 받고, 반대로 상대방이 던진 말을 내가 받으니까요. 그렇게 상대방과 함께 말을 주거니 받거니 하다 보면 가끔씩 상대방의 말에 '그건 아닌 것 같은데!' 하는 생각이 들 때도 있을 거예요. 당장이라도 반박하고 싶은 마음이 굴뚝같겠지만 꾹 참고, 대신에 '나는 이렇게 생각하는데, 어떤 것 같아?'라고 넌지시 제안하는 말을 건네 보세요. 그러면 상대방은 '아, 그렇게 생각할 수도 있구나.'라며 여러분의 말을 이해해 줄 테니까요.

 ④ "아, 그렇구나."라고 상대방에게 공감하자.

　대화를 나눌 때면 "나도 알아!", "맞아!" 하고 맞장구칠 때가 있지요. 그것이 바로 '공감'이랍니다. 공감이란 다른 사람의 생각이나 경험에 대해 '나도 그래!', '나도 마찬가지야!'와 같이 생각하는 것이에요. ==사람이 대화를 하는 이유는 바로 '공감'을 하고 싶기 때문이 아닐까요?== 그렇기에 더더욱 대화를 할 때는 상대방에게 공감해 주는 것이 무척 중요하답니다. "아니, 그건 좀…….", "그게 아니고!"처럼 상대방의 말에 딴지를 거는 건 조금 미뤄 두세요. 고개를 끄덕이며 공감하고 있는 모습을 보여 주기만 해도 대화는 자연스럽게 이어질 수 있어요.

 ### ⑤ 웃는 얼굴을 잊지 말자.

생글거리며 웃는 사람과 부루퉁해서 입이 잔뜩 튀어나온 사람 중 여러분은 누구와 이야기하고 싶은가요? 당연히 웃고 있는 사람이겠지요? 보세요. **웃는 얼굴에는 사람의 마음을 끌어당기는 힘이 있답니다.** 억지로 활짝 웃지 않아도 괜찮아요. 그냥 살짝 미소만 짓고 있어도 충분해요. 그러면 자연스레 사람들이 여러분에게 다가올 거예요.

5가지 방법을 항상 기억하자!

【친구가 생기는 말하기 방법】

① 상대방을 바라보며 말하기.

② 긍정적으로 말하기.

③ 상대방의 말을 무시하지 말기.

나는 이렇게 생각하는데, 너는 어떤 것 같아?

④ "아, 그렇구나."라고 상대방에게 공감하기.

고개를 끄덕이는 것만으로도 마음이 전해질 거야.

⑤ 웃는 얼굴을 잊지 말기.

웃는 얼굴은 사람을 끌어당긴답니다!

【인사하기】

어떻게 인사를 해야 할지 모르겠어!

| 기본 | 내가 먼저 인사해 보는 거야!  |

| 도전! | 상대방이 인사를 받아 주지 않더라도 신경 쓸 필요 없어.  |

| 이 정도도 OK! | 인사만 잘해 두면 반은 성공한 거나 다름없어.  |

인사만 잘하면 누구와도 친해질 수 있어요!

인사는 마법과도 같아요. "안녕하세요?"라고 먼저 인사하는 것만으로도 상대방은 '어, 저 사람 인상이 좋은데?', '한번 이야기해 보고 싶어.' 하는 마음이 들거든요. 반대로 아무리 성격이 좋은 사람이라도 인사를 제대로 하지 않으면 '저 사람 좀 차가운 거 같아.'라고 오해를 받을 수도 있답니다.

사람을 만났을 때 인사를 하는 이유는 무엇일까요? 바로 '나는 당신을 싫어하지 않으며, 해를 끼치지도 않아요.'라는 속마음을 상대방에게 알리기 위해서예요. 다시 말해, **'나는 당신과 친해지고 싶어요.'**라는 메시지를 보내는 것이지요. 인사를 하지 않는 것은 '나는 당신과 친하게 지낼 생각이 없습니다.'라고 말하는 것과 마찬가지랍니다.

그러니 기억해 두세요. **인사만 잘해도 거의 절반은 성공한 것이나 다름없다는 것을요.** 상대방에게 내가 먼저 밝은 얼굴로 "안녕하세요!"라고 인사한다면 인간관계의 99%는 잘 풀릴 거예요.

상담을 하다 보면, 친하지 않은 사람과 이야기를 나누거나 무언가를 같이 하는 것을 힘들어하는 사람들을 종종 만나요. 나는 그럴 때마다 반드시 먼저 인사를 해 보라고 말해요.
"**안녕하세요?**"라는 인사 한 마디에 상대방은 '휴, 다행이다. 나를 싫어하지 않는구나.'라고

제1장 친구와 사이좋게 지낼 수 있는 말하기 방법

생각할 테고, 그것만으로도 마음이 한결 편안해지거든요.

어디 그뿐인가요? 인사만 잘하면 굳이 이야기를 많이 나누지 않아도 상대방과 좋은 관계로 발전하기도 해요. 이것이 바로 인사의 마법이랍니다. 그러니 인사는 꼭 하도록 합시다!

 인사를 해도 받아 주지 않으면 어떡해요?

드물지만, 내가 인사를 해도 상대방이 받아 주지 않을 때도 있어요. 그럴 때는 신경 쓰지 않는 게 최고예요. **상대방이 인사를 받아 주지 않을 때는 보통 내가 인사한 것을 보지 못했기 때문이에요.** 상대방이 공부에 집중하고 있거나 다른 사람과 한참 이야기에 열중하고 있을 때는, 여러분이 인사를 해도 눈치채지 못할 수 있거든요. 그런 경우는 여러분이 잘못한 것도, 상대방이 나쁜 것도 아니에요. 그저 인사를 한 타이밍이 좋지 않았던 것뿐이니까요.

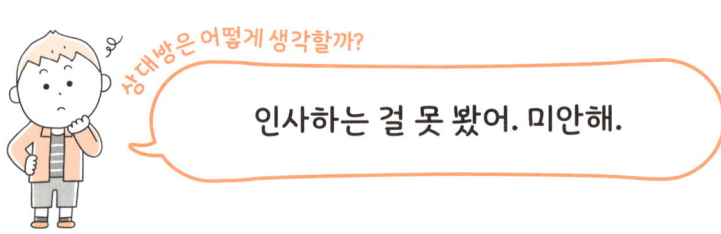

인사하는 걸 못 봤어. 미안해.

그러니 나를 싫어해서 일부러 인사를 받아 주지 않았다고 섭섭해할 필요가 없답니다. **상대방의 반응을 신경 쓰지 않는 것**도 인사의 중요한 부분이거든요. 잠시 기다렸다가 상대방이 인사를 받을 수 있는 상황인지 확인한 다음, 다시 밝게 인사를 건네 보세요.

인사만 잘해도 모두 친하게 지낼 수 있다!

【대화하기】

사람들이
내 이야기를
지루해하는 것 같아.
나도 대화를
재미있게
하고 싶어!

어떻게 해야
재미있어할까?

기본 "헉!", "그래서 어떻게 됐어?"라고 상대방의 말에 호응해 봐.

도전! 상대방이 좋아하는 것에 대해 질문해 보자.

이 정도도 OK! 때로는 이야기를 열심히 들어 주는 것만으로도 충분해!

꼭 먼저 말을
꺼내지 않아도 좋아요.
잘 듣기만 해도 재미있게
대화할 수 있으니까요.

대화를 나누고 있는데 이야기가 금세 끊겨 버린 적이 있나요? 그때마다 '나는 왜 이렇게 이야기를 못하지?' 하고 속상해 했을지도 모르겠네요. 하지만 그럴 때는 그냥 상대방이 계속해서 이야기를 하도록 맡겨 두기만 해도 충분하답니다. 만약 상대방이 "오늘 늦잠을 잤지 뭐야."라고 말하면, "나도 늦잠 잤어!" 하고 바로 내 이야기를 하는 것이 아니라, **"어떡해! 어쩌다 늦잠을 잤는데?"**라고 말을 건네 보세요. 상대방의 이야기가 이어지도록 하는 것이지요. 그러면 상대방도 "그게 말이야, 알람이 안 울려서······."라고 계속 이야기를 이어 갈 거예요.

그리고 한 가지 더, <mark>재미있다는 듯이 이야기를 듣는 것도 중요해요.</mark> 대화를 하다 보면, 솔직히 모든 이야기가 재미있을 수만은 없어요. '아, 재미없어.', '저번에도 들은 이야기잖아.' 속으로 이런 마음이 드는 경우도 종종 있지요. 그래도 그런 생각은 속으로만 해 주세요. 대신 **"우아, 그랬구나!", "그래서 어떻게 됐어?"** 하고 반응한다면, 상대방은 분명 '이 사람과는 대화가 잘 되네.' 하고 생각할 거예요. 누가 알아요? 그러다 보면 이야기가 정말로 재미있어질지요.

상대방은 어떻게 생각할까?

이야기하고 있는데 아무런 대꾸도 안 해 주면 좀 그래······.

상대방이 좋아하는 것에 대해 질문해 보자!

    질문하는 것만으로도 대화가 더욱 즐거워질 수 있어요. 상대방이 지금 무엇을 하는지 살펴본 다음, **"그거 어떻게 하는 거야?"** 하고 물어보는 거예요.

    질문을 한다는 것은 상대방이 좋아하는 것이나 중요하게 생각하는 것에 공감한다는 뜻이에요. 비록 여러분이 그다지 관심 없는 주제라도 말이지요. "그건 어떻게 하는 거야?", "이건 어떻게 된 거야?"라고 질문하면 상대방은 신이 나서 이것저것 이야기해 줄 거예요. ==즉 상대방의 이야기를 잘 들으려면 무엇에든지 관심을 가지는 태도가 필요하답니다.==

    단, 주의할 것이 있어요. 상대방이 싫어하는 것은 꼬치꼬치 캐묻지 마세요! 어디까지나 상대방이 기꺼이 대답할 만한 것을 찾아서 질문하도록 해요.

듣는 사람이 관심 있게 들어 준다면
대화가 재미있어질 거야!

【누구랑 이야기하고 싶니?】

△

늦잠을 자 버렸어.

뭐야, 너도 그랬어? 나도 늦잠 자 버렸어! 알람을 맞춰 놓았는데, 잠결에 꺼 버려서 말이야…….

내 이야기도 좀 들어 주면 좋겠는데…….

○

늦잠을 자 버렸어.

웬일이야? 무슨 일 있었던 거야?

와! 내 이야기를 잘 들어 주네.

제1장 친구와 사이좋게 지낼 수 있는 말하기 방법

【친해지기】

친해지고 싶은 아이가 있는데, 어떻게 말을 건네면 좋을까?

내가 먼저 말을 걸어도 될까……?

기본

"있잖아~, 넌 좋아하는 게 뭐야?"라고 질문해 보자.

도전!

"같이 해 볼래?"라고 말을 건네는 건 어때?

이 정도도 OK!

일단 상대방이 이야기를 시작하면 재미있게 들어 주자.

제1장 친구와 사이좋게 지낼 수 있는 말하기 방법

"야, 있잖아~." 하고 말을 건네 보세요.

친구가 되는 계기는 역시 대화를 통해서가 많을 거예요. 그렇다고 다짜고짜 "나랑 친구가 되어 줘!"라고 말한다면 상대방 입장에서는 무척 당황스럽겠지요.

이럴 때 추천하고 싶은 방법이 하나 있어요. **"야, 있잖아~."**

와 같이 가볍게 말을 건네 보는 거예요. 한 번도 대화를 나눈 적 없는 사이라도 "야, 있잖아~."라고 말을 건네 오면 자기도 모르게 "왜?", "무슨 일이야?"라고 대답하게 되거든요.

그다음에는 본격적으로 질문을 던져야겠지요? **"넌 뭐를 좋아해?"**라고 물어보거나 **"혹시 이 만화 좋아해?", "너도 이 유튜브 보니?"**처럼 여러분이 좋아하는 것 2~3가지를 질문해 보세요. 상대방이 "오, 나도 그거 좋아해!"라고 대답한다면 그때부터는 좋아하는 것을 주제 삼아 즐겁게 대화하면 된답니다. 이런 식으로 단번에 친구가 되는 것이지요.

 상대방이 좋아하는 것에 관심을 가지자.

상대방이 "나는 ○○를 좋아해!"라고 말해도 여러분은 그것을 잘 모를 수 있어요. 하지만 여러분이 **"우아, 그게 뭐야? 재미있겠다! 좀 더 자세히 말해 줘."**라고 대답하면, 그것에 대해 잘은 몰라도 관심이 있다는 마음이 상대방에게도 전해져 이야기를 이어 갈 수 있답니다. 이때 중요한 것은 **상대방이 좋아하는 것에 대해 "우아, 좋다!"라고 말해 주는 것이에요.** 그 말을 듣는 것만으로도 상대방은 기뻐질 테니까요.

거기서 더 나아가, 여러분이 **"어떤 부분이 그렇게 좋아?"**라고 질문한다면 상대방은 더 많은 이야기를 해 줄 거예요. '내가 좋아하는 것에 관심을 가져 주는 사람이구나.'라고 생각하면서 말이지요.

반대로 여러분이 "난 △△를 좋아해."라고 말했는데 상대방은 "난 그거 별로야."라고 심드렁하게 반응할 수도 있어요. 그럴 때는 **"그럼 뭘 좋아하는데?"**라고 물어보도록 해요.

상대방의 이야기에 말꼬리를 잡거나 부정하는 말은 되도록 하지 않는 게 좋아요. 대신 **"오, 그거 좋네."**라고 인정해 주거나 **"뭘 좋아해?"**와 같은 질문을 하며 대화의 흐름을 만들어 나가세요. 그러다 보면 어느새 여러분 주변에 친구가 잔뜩 모여 있을 거예요.

 함께 뭔가를 해 보자.

친구로 지내고는 있지만 아직 어딘가 어색한 사이일 때도 있지요. 그럴 때는 친구와 함께 간단하게 할 수 있을 만한 것을 찾아서 **"같이 할래?"**라고 말을 건네 보면 어떨까요?

예를 들면, 과학실이나 음악실로 이동 수업이 있을 때, **"과**

학실에 같이 갈래?" 하고 먼저 말을 걸어 보는 거예요. 혹시 거절당할 것 같아 불안하다고요? 하지만 지금 당장 그 자리에서 할 수 있는 것을 제안했을 때 거절할 사람은 거의 없으니 안심해도 좋아요.

이런 식으로 친구와 함께 이동 수업에 가거나 같이 숙제를 하거나 어울려 노는 동안, 어색함은 눈 녹듯 사라지고 더욱 친한 친구 사이가 될 수 있답니다.

**상대방이 좋아하는 것에
관심을 가져 보자.**

【친해지고 싶은 아이가 있다면?】

① "야, 있잖아~." 하고 말을 건네 보자.

② 무엇을 좋아하는지 물어보자.

③ 상대방이 좋아하는 것에 대해 질문하자.

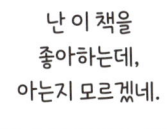

만약 상대방이 "난 그거 별로야."라고 한다면?

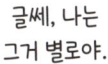

④ 함께 뭔가를 해 보자.

【대화하기】

소풍 가는
버스 안에서
안 친한 아이의
옆자리에 앉았어.
너무 어색해!

기본 — 먼저 용기 내서 말을 걸어 보자.

도전! — "혹시, 하고 있는 게임 있어?", "좋아하는 아이돌은 누구야?"라고 물어보면서 공통점을 찾아봐.

이 정도도 OK! — "소풍에서 뭐가 제일 기대돼?"처럼 지금 같이 하고 있는 일들에 대해 이야기해도 좋아.

지금 일어나고 있는 일들을 대화 주제로 삼아 보세요.

 말 한마디 없이 누군가와 오랜 시간을 함께 있는 것은 정말 피곤한 일이에요. 하지만 처음부터 약간이라도 대화의 물꼬를 터놓는다면 그 시간이 훨씬 편안해질 거예요.
 소풍 가는 날, 버스에서 별로 친하지 않은 아이와 나란히 앉게 되었더라도 먼저 이렇게 물어보는 건 어떨까요? "오늘

소풍 말이야, 뭐가 제일 기대돼?"라고요. 아마 "글쎄, 놀이공원?" 혹은 "역시 도시락이지!" 하는 대답이 돌아오겠지요? 그러면 "놀이공원에서 뭐부터 탈 거야?", "오늘 도시락 뭐 싸 왔어?" 하고 다시 물어보면서 대화를 이어 나가는 거예요.

이것은 바로 **서로의 공통점을 주제로 대화하는 것**이에요. 지금 함께 보고 있는 것, 함께 하고 있는 것, 상대방과 내가 좋아하는 것을 찾아 대화를 해 보는 것이지요.

예를 들어, 함께 버스에 타고 있는 것 자체도 하나의 공통점이 될 수 있으니, "**나는 버스만 타면 멀미를 해. 너는 멀미 안 해?**"라고 대화를 시작해 보세요. 만약 "나는 멀미 안 해."라는 대답이 돌아온다면 "**어떻게 하면 멀미를 안 할 수 있어?**"와 같은 질문으로 받아넘겨도 좋아요.

게다가 버스에서 옆자리에 앉게 되었다는 것은 '같은 반'이라는 공통점이 있다는 것이잖아요? 그러니 우리 반과 관련된 이야깃거리를 찾을 수도 있어요. "**우리 반은 다른 반보다 훨씬 떠들썩해.**", "**지난번 학급 회의에서 선생님이 해 주신 이야기, 재미있지 않았어?**"와 같은 이야깃거리를 미리 몇 개쯤 준비해 두면 대화가 훨씬 수월해질 거예요.

 ## 상대방이 아무 대꾸도 안 해 주면 어떡해요?

아무리 말을 걸어도 상대방이 대꾸해 주지 않거나, 귀찮다는 듯한 표정을 짓는 일도 있을 거예요. 그런 경우에는 더 이상 말을 건네지 말고 상대방을 내버려두어도 괜찮아요.

상대방에게 무시당한 것 같은 기분이 들 때는 '나를 싫어하나?'라고 생각하지 말고, **'몸이 어디 안 좋은가.', '피곤한가 보다.'라고 생각하면서 더 이상 신경 쓰지 마세요.**

말을 걸어도 대답하지 않는 아이들 중에는 대화에 서툰 경우도 가끔 있으니까요. 하필 그 순간에 몸이 좋지 않거나, 자기가 좋아하는 것 외에는 별로 말을 하고 싶어 하지 않는 아이들도 있고요. 그건 결코 나쁜 것도 아니고, 쌀쌀맞은 것도 아니라는 걸 이해했으면 좋겠어요.

내 말에 도통 반응을 해 주지 않더라도, **조금씩 이야기를 해 나가다 보면 '생각보다 괜찮은 아이 같아!'라고 생각하게 될 테니까요.** 그러니 상대방이 건성으로 대꾸하는 것 같아도 마음에 담아 두지 말고, 일단 여러 가지 주제로 가볍게 말을 걸어 보세요. 그러다 보면 어느 순간 둘 사이에 자연스러운 대화가 오가고 있을 거랍니다.

POINT

상대방과 공통점을 찾아보자!

[친해지기]

아이들 무리에 끼고 싶은데, 한 번도 같이 놀아 본 적이 없어서 말을 건네기 힘들어…….

나도 끼워 달라고 말해도 괜찮을까?

기본

"나도 같이 놀자."라고 말해 봐.

도전!

거절당하면 포기하고 다른 아이와 놀면 돼!

이 정도도 OK!

상냥해 보이는 아이에게 말을 걸어 보면 어떨까?

무리 중 한 명에게 "나도 같이 놀고 싶어."라고 말해 보세요.

각 반마다 아이들 여럿이 모여 재미있게 놀고 있는 무리가 있지요. 그 무리에 들어가고 싶다면 일단은 "나도 같이 놀고 싶어!"라고 말해야 해요. 이럴 때는 움츠러들지 말고 용기를 내는 것이 중요해요.

하지만 도무지 말을 붙이기 어려울 때도 있을 거예요. 특히 그 아이들이 서로 너무 친해 보이면 무리에 끼기 힘들 것 같기도 하고, 갑자기 나타나서 끼워 달라고 말하는 것이 어쩐지 미안하기도 할 거고요.

일단은 먼저 어울려 노는 아이들을 잘 관찰해 보세요. 그중에는 **같이 노는 무리가 아닌 아이에게도 상냥하거나, 남달리 배려심이 깊은 아이가 있을지도 몰라요.** 바로 그런 아이에게 말을 건네는 거지요. 그러면 틀림없이 "좋아."라는 대답을 들을 수 있을 거예요.

사실은 어른들도 마찬가지예요. 어떤 무리에 끼고 싶은 경우에는 먼저 무리 중 한 사람과 말을 트고, 그 사람을 통해 다른 사람을 소개받는 경우가 많거든요.

혹시 여러분이 속해 있는 무리에 누군가가 들어오고 싶어 한다면 그 눈길을 외면하지 마세요. 먼저 다가가 "우리랑 같이 놀래?" 하고 말을 걸어 보길 바랍니다.

 ## 거절당하면 어떡해요?

여러분이 용기를 내서 "나도 같이 놀고 싶어."라고 말했지만 거절당하는 경우도 있을 거예요. "우린 친한 애들끼리만 놀아서 끼워 주기가 좀 그래."라면서요.

만약에 그런 말을 듣더라도 너무 실망하거나 슬퍼할 필요는 없어요.

무리에 끼워 달라고 부탁했는데 상대방이 들어주지 않는다면, 그 아이들과는 '인연'이 아니었던 것이니까요. 인연이라는 것은 사람과 사람 사이의 관계에서 어른들이 자주 쓰는 표현이랍니다. 인연이 아니라는 말은, 쉽게 말해 '애초부터 가까워지기 어려운 관계'라는 뜻이에요. 멀리서 보았을 때는 마냥 좋아 보이는 무리더라도, 막상 어울려 보면 나와 잘 맞지 않을 수 있다는 말이지요.

그러니 굳이 '부탁이야. 제발 나도 끼워 줘!'라고 사정사정해서 억지로 어울릴 필요 없답니다. 그 무리에 들어간다 해도 그다지 즐겁지 않거나, 나와는 잘 맞지 않는 사람들뿐일 수도 있으니까요.

게다가 거절한 쪽에서도 나름의 사정이 있을지도 모르잖아요? 그 아이들끼리만 나눌 수 있는 이야기가 있을 수도 있고, 아니면 정말로 꽉 막혀서 '우리 말고 다른 사람들이랑은 절대 같이 안 놀 거야!'라는 생각을 가진 아이들이 모인 무리일 수도 있고요.

어떤 경우든 간에 **거절을 당하더라도 상처받지 마세요. 억지로 여러분과 맞지 않는 무리에 들어간다 한들, 머지않아 갈등을 겪거나 또 다른 힘든 상황이 생길 수 있어요**. 그러니 일단 "나도 같이 놀고 싶어."라고 말해 보고, 거절당한다면 여러분과 맞는 다른 친구나 무리를 찾아 어울리는 편이 훨씬 즐거울 거랍니다.

거절당할까 봐 걱정하지 말고, 일단
"나도 같이 놀고 싶어."라고 말해 보자.

【대화하기】

학교에 갔더니 모두 신나게 이야기하고 있잖아! 나도 끼고 싶어…….

> 뭐야? 뭐야?
> 무슨 이야기를
> 하고 있는 거야!

기본   "뭐야? 뭐야? 나도 말해 줘."라고 적극적으로 말해 보자.

도전!   "우아, 대박!", "진짜야?"라고 은근슬쩍 맞장구치면서 끼어들어 봐.

이 정도도 OK!   옆에서 고개를 끄덕이면서 듣기만 해도 충분해.

"우아, 진짜야?" 맞장구치면서 슬그머니 대화에 끼어들어 보세요.

여러분은 단체 줄넘기를 해 본 적이 있나요? 두 사람이 긴 줄을 양쪽 끝에서 돌리고, 한 사람씩 차례차례 줄 안으로 뛰어 들어가는 줄넘기 말이에요. 씽씽 돌아가는 줄 안으로 들어갈 때는 타이밍을 잘 보아야 하겠지요?

대화에 끼어드는 요령도 단체 줄넘기를 하는 것과 마찬가지예요. 타이밍을 잘 보고, "우아, 진짜야?" 맞장구치면서 슬쩍 대화에 들어가는 것이지요. 물론 친한 친구가 있다면 "지금 무슨 이야기하고 있어?"라고 물어봐도 되겠지만, 별로 친하지 않은 아이라면 그런 질문을 받았을 때 기분 나빠할 수도 있어요. '우리끼리 이야기하고 있었는데, 왜 갑자기 참견이야.'라면서요. 게다가 이야기의 흐름을 끊어 놓을 수도 있고요.

그러니 먼저 대화에 끼어들 타이밍을 찾아야 해요. 옆에서 가만히 듣고 있다가 적당한 순간에 **"아하, 그렇구나."** 라고 맞장구치면서 슬쩍 끼어들어 보세요.

처음에는 무슨 이야기인지 잘 모르겠지만 옆에서 얼마쯤 듣다 보면 내용을 이해할 수 있답니다.

한 가지 더! 이야기를 우연히 들었다는 듯이 "으음~." 하고 고개를 끄덕이면서 대화에 어우러지는 것이지요. **이렇게 타이밍을 잘 맞추어서 끼어들면 자연스럽게 친구들과 함께 대화하고 있는 자신을 발견하게 될 거예요.**

표정만으로도 대화할 수 있어!

아무리 애를 써도 말을 걸 타이밍을 찾기 힘들 때는 어떻게 하면 좋을까요? 그럴 때는 옆에서 고개를 끄덕이거나 상황에 맞는 적당한 표정을 지어 보이는 것만으로도 충분해요. 그러면 굳이 말을 하지 않아도 상대방은 '지금 내 이야기를 들어 주고 있구나.' 하고 알아차릴 테니까요.

예전에 언어가 달라서 말이 통하지 않는 사람과 대화를 한 적이 있답니다. 상대방은 북극에 사는 에스키모인이었는데, 서로의 언어를 전혀 모르는 상황에서도 우리는 시간 가는 줄 모르고 1시간 정도 이야기를 나눴지요.

상대방이 정확히 무슨 말을 하고 있는지는 알아듣지 못했지만, 상대방이 웃으면 나도 웃고, 내가 음료를 마시면 상대방도 따라 마시며 건배를 했어요. 또 상대방에게 에스키모어를 알려 달라고 한 다음, 내가 따라하면 상대방은 '조금 다르지만 재미있군.' 하는 표정으로 발음을 고쳐 주기도 했어요. 이런 방식으로 충분히 즐거운 대화를 나누었답니다.

이제 알겠지요? 사람 간의 대화는 꼭 말로만 하는 것이 아니라는 것을요. 표정이나 몸동작만으로도 충분히 대화가 이루어질 수 있답니다. 이때 중요한 건 서로의 손짓이며 표정, 말투를 잘 살피면서 대화의 분위기를 맞추고, 미소를 잃지 않는 것이지요. 그러니 굳이 억지로 말을 하지 않아도, '나도 지금 너희랑 함께 있어.'라는 분위기를 적절히 드러내기만 한다면 대화에 스며들 수 있답니다.

**대화는 꼭 말로만 하는 게 아니다.
적절한 반응만으로도 충분하다.**

[감정 전하기]

내 감정을 말로 설명하기가 어려워. 나조차도 이게 무슨 감정인지 헷갈려.

으음, 롤러코스터를 탔을 때 느낌이랑 치과에 갔을 때 두근거리는 느낌이랑 비슷한데…….

뭐라는 거야?

기본 — 지금 느끼는 감정이 애매모호해도 일단 말해 보는 거야.

도전! — 친구와 내 감정에 대해 이야기를 나누어 보면 어때?

이 정도도 OK! — 말을 꺼내기 전에 "설명하기 조금 어려운데…….''라고 미리 말해 두면 좋아.

감정은 원래 전달하기 어려운 것이에요.

감정은 눈에 보이지 않아요. 모양이나 색도 없지요. 그렇기 때문에 **감정을 말로 표현하는 것은 아주 어려운 일이에요.**

"'슬프다.', '기쁘다.'처럼 감정을 말로 표현할 수 있는 거 아니야?"라고 생각할 수도 있지만, 여러분이 느끼는 '기쁘다.'와 내가 느끼는 '기쁘다.'가 과연 완전히 같을까요? 게다가 여러분이 오늘 느낀 '기쁘다.'와 1년 전에 느낀 '기쁘다.'도 완전히 똑같지는 않을 거예요.

그 '기쁘다.'의 차이를 말로 설명하는 것은 꽤 어려워요. 그러니 먼저, 감정이란 원래 간단히 설명할 수 없는 것임을 기억해 두세요.

그래도 어떻게든 내 감정을 전하고 싶을 때나 반드시 전해야만 하는 때가 있지요. '슬프다.', '기쁘다.'처럼 한마디로 표현하기 어려운 애매한 감정이나 '기쁘면서도 슬프다.'와 같이 2가지 감정이 뒤섞여 있을 때는 도대체 어떻게 말로 표현할지 더욱 고민이 될 거예요.

그런 상황에서 쓸 수 있는 '마법의 말'이 있답니다. 바로 **"말로 설명하기 좀 어려운데……."**예요. 본격적으로 말을 시작하기 전에 미리 이 말을 해 두면 상대방은 여러분의 진심을 알아 줄 거예요. '설명은 조금 서툴러도 열심히 이야기해 보려고 하는구나.'라면서 말이에요. 행여나 여러분이 제대로 설명하지 못했다 해도 "혹시 이렇다는 뜻이야?"라고 대신 설명해 주기도 할 거고요.

이 말을 한 다음에는 **"아마 이런 느낌 같아."**, **"그런데 또 이런 감정도 들어."**, **"아니, 어쩌면 다른 감정일지도 몰라."**와 같이 정확하지 않더라도 가능한 한 자신의 감정과 가까운 표현을 찾아서 말해 보세요.

자신의 감정을 한 번에 정확하게 표현하려고 너무 애쓰지 않아도 괜찮아요. 일단은 지금 머릿속에 떠오르는 감정들을

모두 말해 보는 거예요.

그럼 상대방도 "혹시 이런 감정인 거야?", "내가 ○○했을 때 느꼈던 감정이랑 비슷하겠다!"라면서 여러분이 잘 설명할 수 있도록 도와줄 테니까요. 그러다 보면 '아! 지금 이 감정은 이렇게 설명하면 좋겠다.' 하고 깨닫는 순간이 올 거예요.

이런 식으로 감정에 대해 이야기를 나누다 보면, 점점 자신의 감정을 더욱 자세히 이해하게 되어 말로 정확히 설명할 수 있게 된답니다.

**감정을 말로 설명하기 위해
다양한 표현을 시도해 보자.**

[감정 전하기]

이상한 별명으로 부르거나 기분 나쁜 말을 하는 아이가 있는데, 어떡하면 좋지?

내가 그 별명으로 부르지 말라고 했잖아!

기본 "하지 마."라고 단호하게 말하자.

도전! "그 말을 들으면 기분이 안 좋아."와 같이 나의 기분을 솔직하게 말하자.

이 정도도 OK! 선생님께 말씀 드리는 것도 좋은 방법이야.

기분 나쁜 말을 들었다면 "하지 마."라고 단호하게 말해요.

여러분에게 이상한 별명을 붙여 부르거나 기분 나쁜 말을 하는 사람이 있다면 둘 중 하나일 거예요. 일부러 그렇게 말하는 사람이거나, 여러분이 싫어한다는 것을 눈치채지 못하고 말하는 사람이지요.

이건 '경우에 따라서 참는다.'거나 '일부러 그런 게 아니라면 괜찮다.'는 문제를 떠나 **여러분이 '싫다.'고 느낀 그 순간, 상대방은 멈추어야만 해요.**

기분 나쁜 말을 들으면 가장 먼저 "하지 마."라고 단호하게 말하세요. 말을 돌려서 하면 상대방은 '사실은 좋으면서 싫은 척하는 건가 봐.'라고 오해할 수도 있으니 **'정말로 싫다.'는 감정을 분명하게 전해야 합니다.**

'싫다고 말했다가 상대방이 상처받으면 어쩌지?'라고 생각할 수도 있겠지만, 이미 여러분이 먼저 상처받았다는 사실을 잊지 마세요. 더 이상 누구도 상처받지 않고 끝낼 수 있는 상황은 아닌 것이지요. 그러니 일단은 **"하지 마."**라고 정확히 말하세요. 그 말을 듣고 상대방이 멈춘다면 상대방에 대한 서운한 감정은 툴툴 털어 버리고 이전처럼 사이좋게 지내면 된답니다.

왜 그런 말을 하는 거야!

도저히 "하지 마."라고 직설적으로 말하기가 힘들 때는 여러분이 느낀 기분을 상대방에게 전해 보세요. **"그 말을 들으면 기분이 나빠."** 라고요. '기분 나쁘다.', '힘들다.', '괴롭다.'와 같은 표현들은 '싫다.' 대신에 쓸 수 있는 말들이에요. 이 말을 하는 것만으로도 상대방에게 '하지 말았으면 좋겠어.'라는 마음이 전달될 테니까요.

그런데도 멈추지 않는다면 선생님께 말씀드리자!

만약 여러분이 "하지 마!"라고 분명히 말했는데도 상대방이 멈추지 않는다면 선생님께 말씀드리도록 해요.

그럴 때는 "○○가 **저를 이상한 별명으로 부르는 게 정말 싫어요.**"처럼, 싫은 점만 콕 집어 말하도록 해요. 필요 이상으로 상대방을 헐뜯거나 비난하지는 마세요.

여러분에게 아무 거리낌 없이 상처 주는 말을 하는 사람과는 굳이 친하게 지내지 않아도 된답니다. '그래도 친구인데……'라고 생각하지 마세요. **여러분에게 상처를 주는 사람은 더 이상 친구라고 할 수 없어요.** 서로에게 상처 주지 않고, 존중하며 배려하는 관계가 친구니까요.

정리해 볼까요? 먼저 "하지 마."라고 말하고, 그래도 멈추지 않는다면 선생님께 말씀드리세요. 그런 다음에는 너무 신경 쓰지 말고, 가끔 마주치면 "안녕!" 하고 인사 정도만 하는 관계로 지내면 돼요. 그리고 학년이 바뀌면서 다른 반이 되면 그 아이와는 마주칠 일도 줄어들고 골치 아플 일도 없을 거예요.

(기분 나쁜 말을 하는 사람에게는
단호하게 "하지 마."라고 말하자.)

【거절하기】

친구가 "공원에서 같이 놀자."라고 했는데, 하필 그날 다른 약속이 있어. 어떻게 거절하지?

아이고, 어쩌지?

기본

"미안, 그날 다른 일이 있어."처럼 이유를 말하고 정중히 거절하자.

도전!

"목요일은 안 되지만 수요일이나 금요일에는 놀 수 있어."라고 다른 날을 말해 보면 어때?

이 정도도 OK!

같이 놀자고 말해 주어서 고마운 마음을 전하도록 하자.

이유를 말하고 거절하면 상대방도 이해할 거예요.

친구가 같이 놀자고 했는데 거절해야 할 때는 반드시 이유도 함께 말하는 게 좋아요. 예를 들어, "그날은 할아버지, 할머니 집에 가기로 했어."처럼 말이에요. 그럼 상대방도 '그럼 할 수 없지.' 하고 이해해 줄 거예요.

하지만 아무런 이유도 말하지 않고 그냥 "못 가.", "안 돼."라고 딱 잘라 거절해 버린다면 상대방은 어떻게 생각할까요? 아마 '오랜만에 같이 놀고 싶었는데…….', '꼭 그렇게 거절해야 하나?'라며 무척 머쓱해지겠지요.

이처럼 이유를 말하느냐, 말하지 않느냐에 따라 상대방의 기분은 무척 달라져요. 실제로 한 실험을 통해 밝혀지기도 했답니다.

지하철 표 자동판매기 앞에 사람들이 줄을 서 있는데, 실험자가 난데없이 줄 앞으로 끼어들었어요. 새치기는 나쁜 짓이니 사람들은 당연히 불쾌해했지요. "왜 끼어드는 거야!", "다들 줄을 서 있잖아!"라면서요. 이때 실험자가 새치기를 한 이유에 대해 말하면 어떨까요? 예를 들어, "실은 가족이 아파서 서둘러 집에 가야 합니다."라고요. 그 경우 사람들은 새치기를 당했는데도 화를 내지 않았어요. 오히려 "자, 먼저 이용하세요."라며 배려하기도 했지요. 이렇듯 이유를 말하는 것과 안 하는 것은 상대방의 기분을 정말 크게 좌우해요.

만약, 도저히 이유를 말하기 어려운 경우라면 **"미안해, 다른**

일이 있어."라고 <mark>얼버무려도 괜찮아요.</mark> 혹시나 "공부를 해야 하거든."이라고 말했다가 상대방에게 "공부는 나중에 해도 되잖아."라는 대답을 들을 수도 있으니까요. 그럴 때는 그냥 **"그 날은 할 일이 있거든······."**이라고 말하면 자연스럽게 넘어갈 수 있답니다.

다른 날을 말해 보자.

이유를 말하고 정중하게 거절한 다음에는 상대방에게 **"같이 놀자고 해 주어서 고마워."**라며 감사의 마음을 전하세요. 그러고는 **"그날은 안 되지만 이날은 같이 놀 수 있어!"**처럼 다른 날을 말해 보는 거예요. 이렇게 하면 상대방은 '내가 싫어서 거절한 게 아니구나.' 하고 안심할 수 있으니까요.

그리고 마지막으로 **"다음에도 또 같이 놀자고 해 줘."**라는 인사도 빠뜨리지 마세요. 이 한마디로 상대방의 기분이 훨씬 좋아질 테니까요.

**이유를 제대로 말하고, 거절한 다음에는
고마운 마음도 함께 전하자.**

【누구에게 같이 놀자고 하고 싶어?】

【사과하기】

아침에 눈을 떴더니, 친구와 만나기로 한 약속 시간이야! 친구한테 뭐라고 하면 좋을까?

늦었다!

기본

"미안해. 늦잠을 자 버려서 늦었어."처럼 이유를 말하고 사과해 봐.

도전!

일단은 지각하지 않는 습관을 들이는 게 중요해!

이 정도도 OK!

실수했다면 그 자리에서 바로 사과하도록 하자.

가장 중요한 건
솔직해지는 것이에요!

사람이 갖추어야 할 여러 가지 태도 중 가장 중요한 것은 '솔직함'이라고 생각해요. 그러니 여러분이 잘못을 저질렀거나 실수했을 때는 **머뭇거리지 말고 솔직하게 사과하도록 합시다.**

만약 여러분이 사과하지 않는다면 상대방은 계속 화가 나 있을 테고, 급기야는 여러분을 '칠칠치 못한 사람', '거짓말쟁이'라고 생각할 테니 전혀 좋을 게 없지요. 그러니 실수를 하면 꼭 **"미안해."**라고 사과하세요. 그러면 상대방은 물론이고 여러분도 마음이 편해질 거예요.

이유를 말하고 사과하자.

사과할 때는 이유를 분명하게 말하도록 해요. 지각을 했다면 **"버스가 계속 안 와서 늦었어.", "늦잠을 자 버렸어."**라고 말이지요. 상대방도 이유를 듣고 난다면 '그럼 어쩔 수 없지 뭐.'라고 가볍게 넘어갈 수도 있고, 화를 내려다가도 "다음에는 조심해."라고 주의를 주는 정도로 끝날 수 있으니까요.

그리고 실수를 했다면 솔직하게 인정하는 자세도 중요해요. 여러분이 정말로 잘못을 저질렀을 때 순순히 **"제가 잘못했어요."**라고 말한다면 처음에는 꾸지람을 들을 수 있겠지만, 이런 솔직한 자세는 상대방에게 '**자기 잘못을 인정할 줄 아는 믿음직한 사람**'이라는 인상을 남길 수 있답니다.

여러분은 '솔직함'의 중요성을 강조했던 미국의 초대 대통

령, 조지 워싱턴의 이야기를 알고 있나요? 워싱턴이 어렸을 때의 일이에요. 어느 날 손도끼를 가지고 놀던 워싱턴은 실수로 아버지가 아끼는 벚나무를 베었다고 해요. 워싱턴은 아버지의 불호령이 떨어질 것을 각오하고, 자신이 벚나무를 베었다고 솔직하게 말했지요. 그러자 아버지는 화를 내는 대신, **"말해 주어서 고맙구나. 너의 솔직함은 벚나무 1,000그루 이상의 가치가 있다."** 고 칭찬해 주었다고 해요.

이 이야기가 진짜로 있었던 일인지는 확실치 않지만, 솔직한 자세가 얼마나 중요한지를 잘 보여 주고 있지요.

거짓말은 언젠가는 들키기 마련이니, 일을 덮기는커녕 오히려 키울 뿐이에요. 게다가 거짓말을 반복하다 보면 결국 버릇이 되어 '저 사람은 거짓말쟁이야.', '저 사람은 믿을 수 없어.'라는 인식이 생기게 될 거예요.

 **어떻게 하면 실수를 되풀이하지 않나요?**

이유를 솔직하게 말하고 사과하더라도 그걸로 끝나는 것은 아니에요. **같은 실수를 되풀이하지 않도록 주의하는 것이 중요하지요.**

만약에 지각을 했다면, 앞으로는 그러지 않도록 약속 장소에 조금 일찍 가는 게 좋겠지요? 늦잠 자는 버릇이 있다면, 가족들에게 억지로라도 꼭 깨워 달라고 부탁할 수도 있고요. 이런 식으로, 실수를 줄일 수 있는 다양한 방법을 생각하고 실천해 보도록 해요.

(솔직하게 사과할 줄 아는 사람은
신뢰를 얻는다.)

【화해하기】

친구와 싸웠어.
나는 잘못한 게
없는 것 같은데,
이대로 사이가
나빠지는 건
싫어!

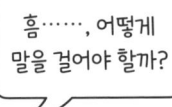

흠……, 어떻게
말을 걸어야 할까?

기본
"내가 미안해." 하고 사과하는 게 가장 좋아.

도전!
"있잖아, 이거 봤어?" 하고 아무 일 없던 것처럼 말을 걸어 봐.

이 정도도 OK!
'어제는 미안했어.'라고 쪽지에 써서 건네는 것도 괜찮아.

제1장 친구와 사이좋게 지낼 수 있는 말하기 방법

"미안해."라고 사과하는 사람에게 나쁜 말을 쏟아 내는 사람은 없어요.

누군가와 싸우고 나면 '나는 잘못한 거 없어!', '쟤가 잘못했단 말이야!'라는 생각이 들기 마련이에요. 하지만 그건 상대방도 마찬가지일 거예요. 이렇게 두 사람의 생각이 부딪히기 때문에 싸움이 일어나는 것일 테니까요.

서로가 '내 잘못이 아냐. 쟤가 잘못했어!'라고 상대방에게 잘못을 돌리면 갈등은 해결되지 않고, 어색하고 불편한 상황만 계속될 뿐이에요. 그러니 조금이라도 빨리 갈등을 해결하는 게 좋겠지요?

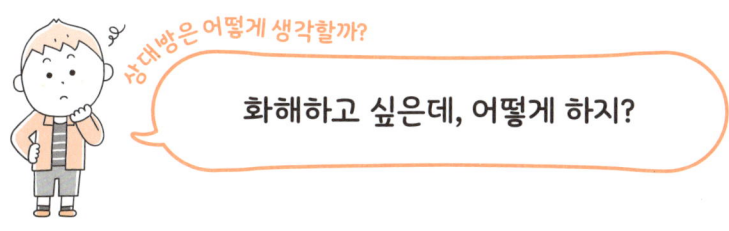

상대방은 어떻게 생각할까?

화해하고 싶은데, 어떻게 하지?

싸웠던 것에 대해 사과하자.

여기 간단하면서도 가장 추천할 만한 해결 방법이 있어요. 바로 **여러분이 크게 잘못하지 않았더라도 "저번에는 미안했어."라고 먼저 사과하는 것이에요.**

'잘못한 것도 없는데 내가 왜 사과해야 해?'라고 생각할지도 모르겠군요. 하지만 여기서의 사과는 여러분이 잘못했기 때문에 하는 사과가 아니에요. '별것도 아닌 걸로 싸움까지 하게 돼서 미안해.'라는 뜻의 사과니까요.

미주알고주알 길게 말하지 않아도 되니까 **"저번에는 미안했어."** 라고 가볍게 툭 사과해 보세요. 그럼 상대방도 선뜻 사과를 받아 줄 거예요. 어쩌면 "나야말로 미안해."라는 대답을 들을 수도 있어요. 대부분의 경우 '미안해.' 이 한마디만으로 다시 화해할 수 있답니다.

쪽지를 건네 보자.

직접 얼굴을 보면서 '미안해.'라고 말하기 어렵다면 쪽지에 써서 건네는 것도 좋아요. 이때 명심할 것은, 상대방에게 쪽지를 전할 때는 다른 사람에게 부탁하지 말고 **여러분이 직접 건네야 한다는 것이지요.**

그리고 가능하면 쪽지에는 싸웠던 일보다는 다른 이야기를 써 보세요. 한마디씩 주고받다 보면 금세 즐거워지는 화젯거리가 있잖아요? 그런 이야기를 꺼내면 싸워서 서먹서먹한 분위기였다고 해도 대화가 술술 이어질 거예요. 그러다 보면 어느새 싸움 따위는 생각도 나지 않게 될 거고요.

핵심은 **싸움의 원인에 대해 이러쿵저러쿵 따지지 않는다**는 것이에요. 누구의 잘못인지 따지기 시작하면 다시 싸우게 될 뿐이니까요.

사람의 감정 중에서 '화'는 그리 오래가는 편이 아니라고 해요. 그러니 한바탕 싸우고 난 뒤 화가 아직 완전히 풀리지 않았더라도, 잠시 덮어 두고 다른 화제를 찾아 즐겁게 대화하면서 화가 풀리기를 기다리는 것도 하나의 방법이랍니다.

사실은 상대방도 화해하고 싶을 거야!

[오해 풀기]

오해를 받았어. 그런 뜻으로 말한 게 아니었는데…….

뭐? 내 얼굴이 달덩이 같다고?

넌 얼굴이 진짜 보름달 같아! (동그랗고 예쁘다는 뜻인데…….)

기본

"그런 뜻으로 한 말이 아니야!"라고
빨리 상황을 수습하는 게 최고야.

도전!

"그렇게 들렸다면 미안해."
이 한마디도 잊지 말자.

오해를 받았다면 제대로 설명하고 오해를 풀어요.

여러분이 한 말을 상대방이 전혀 다른 의미로 받아들이거나, '저 아이는 이런 사람이구나.'라고 오해를 사는 경우가 있을 거예요. 오해를 받았다면 최대한 빨리 푸는 게 좋아요. 그러지 않고 오해가 계속 쌓이면 답답하고 떨떠름한 마음으로 지내야만 하니까요.

그러니 만약 여러분에게 이런 일이 생긴다면 우물쭈물하지 말고 서둘러 설명하세요. **"사실은 이런 뜻으로 말한 건데 다르게 받아들인 것 같아."** 혹은 **"나는 그렇게 생각하고 있지 않아."**라고 말이에요.

 ### 도대체 오해는 왜 생기는 거예요?

똑같은 것을 보더라도 받아들이는 방식은 사람에 따라 다 달라요. 같은 사과를 보고도 어떤 사람은 '빨개서 먹음직스럽다.'라고 생각할 수도 있지만, 또 어떤 사람은 '으, 시큼할 것 같아서 안 먹고 싶어.'라고 생각할 수도 있으니까요. 그렇기 때문에 여러분이 별 의미 없이 한 말이나 행동을 전혀 생각하지 못한 방식으로 받아들여 오해하는 사람들이 있을 수 있는 거예요.

만약 누군가가 어떤 사람의 옷을 보고 "정말 화려하네."라고 말했다고 해요. 말을 한 사람은 '옷이 화사하고 멋지다.'는 뜻으로 한 말이라고 해도, 그걸 들은 사람은 '화려하다.'는 말이 옷이 사치스럽다고 비난하는 것처럼 느껴질 수도 있지요. 반대로 '차분하고 점잖다.'는 뜻으로 "수수하네."라고 했을 뿐인데 어떤 사람은 그 말에 불쾌해할 수 있답니다. 결국에는

'왜 저런 말을 하는 거야?'라며 오해가 생기게 되는 것이지요.

 상대방의 기분이 상했다면 바로 사과하자.

그런 오해를 받았을 때는 **"그렇게 들렸다면 미안해."**, **"내가 단어 선택을 잘못했어."**라고 상대방에게 바로 사과하는 게 좋아요. 그런 다음 곧바로 여러분이 정말로 하고 싶었던 말을 다른 표현으로 바꿔 말하는 거예요. **"네 옷이 화사하고 멋지다는 말을 하고 싶었어."**, **"차분하고 얌전하다는 뜻으로 수수하다고 말했던 거야."**라고 말이에요.

그러면 상대방도 "뭐야, 그런 거였어?"라며 오해를 푸는 것은 물론이고, "칭찬해 줘서 고마워."라고 기뻐할지도 몰라요.

말이나 태도 때문에 오해를 받는 건 어른들 사이에서도 흔히 있는 일이에요. 그러니 이럴 때 하기 좋은 말들을 미리 알아 두면 좋겠지요? **"미안합니다, 제가 말을 잘못했네요.", "사실은 이런 의미로 드린 말입니다."** 등이 있답니다.

**상대방이 오해하고 있다면
빨리 오해를 풀자.**

【위로하기】

이어달리기 마지막 주자였던 친구가 넘어져 꼴찌를 했어. 속상해하는데, 어떤 말을 건네야 할까?

위로해 주고 싶은데…….

기본 — "무슨 일이야?"라고 물어보자.

도전! — 아무 말도 하지 말고, 그냥 잠시 옆에 있어 줘.

이 정도도 OK! — 친구의 마음이 어느 정도 진정된 다음에 말을 거는 게 좋아.

상대방에게 다가가 마음을 헤아려 주면 우정이 더욱 끈끈해져요.

상대방을 위로해 주고 싶은 마음은 매우 소중해요. 하지만 상대방이 원하지 않는 위로는 하지 않는 게 좋아요. 혹시 주변에 마음이 몹시 상했거나 울고 있는 사람이 있어 위로할 일이 생긴다면 이 3가지를 꼭 기억하세요.

① 무슨 일인지 묻고 이야기를 들어 주자.

　상대방의 이야기를 들으면서 "정말 속상했겠다.", "어머나, 어떡해! 많이 힘들었지?"라고 공감해 주면 상대방도 마음이 조금 편안해질 거예요.

 ② 잠시 혼자 내버려두었다가 말을 건다.

　내버려두라니! 조금 냉정한 느낌도 들지요. 하지만 슬퍼하고 있는 사람에게는 '우는 얼굴을 누구에게도 보이고 싶지 않아.', '마음이 어수선해서 아무도 만나기 싫어.'라고 느낄 수도 있거든요. 그렇기 때문에 일단은 조금 떨어져 있다가 상대방의 마음이 진정된 것 같으면 그때 **"괜찮아?"** 하고 말을 건네 보세요.

 ③ 아무 말도 하지 말고 잠시 옆에 있어 준다.

　상대방이 계속 울고 있어서 입을 여는 것조차 힘겨워 보일 때는 일단 아무 말 없이 옆자리를 지키며 상대방이 먼저 말을 꺼내기를 기다려 보세요. 무리하게 기운을 북돋워 주려 하거나 애써 격려하지 않아도 괜찮답니다.

　여러분도 혼자일 때는 불안하지만 누군가가 옆에 있으면 마음이 한결 좋아졌던 경험이 있을 거예요. **친구가 풀이 죽어**

있을 때도 마찬가지예요. 여러분이 그저 옆에 있어 주는 것만으로도 친구에게는 충분히 위로가 될 테니까요.

그리고 얼마쯤 시간이 지나 친구가 조금 진정되었다면, "괜찮아?"라고 물어보는 거예요. 친구가 대답해 준다면 다행이지만, 여전히 풀이 죽은 채 아무 말이 없다면 더 이상 '그 일'에 대해서는 말하지 않는 것이 좋아요. 대신 **"집에 같이 가자."**, **"떡볶이 먹으러 갈래?"** 와 같이 화제를 돌려 기분 전환을 해 보세요.

 3가지 방법 중 어느 것을 선택하면 좋아요?

일단은 상대방 옆에 가만히 앉아 보세요. 혹시 여러분에게 말을 하고 싶어 하는 눈치라면 **"무슨 일이야?"** 라고 물어보는 것이 좋겠지요. 상대방이 아무 말도 하고 싶지 않아 한다면 옆에서 마음으로만 위로해 주세요.

간혹 상대방은 누군가가 옆에 있는 것조차 바라지 않을 수도 있어요. 그럴 때는 **"마음이 차분해지면 말해 줘."** 라고 하며 상대방을 혼자 있게 해 주세요.

친구라면 언제나 사이좋게 함께 있어야 한다고 생각할 수도 있지만, **상황에 따라서는 상대방을 혼자 있게 해 주는 것이 더 나은 경우도 있어요.** 위로를 할 때도 상대방이 원하는 것과 원하지 않는 것을 잘 살펴보고, 적절한 방법을 골라 위로해 주는 것이 필요해요.

POINT

혼자 있고 싶어 하는 친구를
혼자 있게 해 주는 것도 친구의 역할.

[알려 주기]

친구에게
축구를 알려 주어도
이해가 안 되나 봐.
어떻게 하면
잘 알려 줄 수
있을까?

알겠지?

조급해지면
머릿속이 새하얗게
되어 버려!

기본   한 번에 한 가지씩 알려 주자.

도전!   가장 중요한 것을 제일 먼저 알려 주면 돼.

이 정도도 OK!   함께 해 보면서 알려 주면 훨씬 수월해.

한꺼번에 전부
알려 주려 하지 말고,
하나씩 알려 주세요.

　누군가에게 뭔가를 알려 줄 때, 스스로 정한 한 가지 규칙이 있답니다. 바로 **한 번에 하나씩만 알려 주는 것**이지요.

　한 번에 3~4가지를 동시에 알려 주면 누구라도 이해하는 데 어려움을 겪을 거예요. "어, 뭘 배웠더라?" 하고 헷갈릴 거고, 배운 것이 머릿속에서 뒤죽박죽이 되겠지요. 그런 상황을 피하려면 한 번에 하나씩 알려 줄 필요가 있어요.

그리고 **가장 중요한 방법이나 규칙부터 먼저 알려 주세요.** '일단 이것부터 익히도록 하자.'는 마음으로 시작하는 거예요. 상대방이 첫 단계를 능숙하게 할 수 있게 되면 다음 단계, 또 다음 단계로 넘어가는 방식이에요.

예를 들어, 축구를 전혀 모르는 사람에게 축구를 알려 준다고 하면 "다리와 머리, 가슴은 써도 되지만 손은 쓰면 안 돼."와 같이 가장 기본적인 규칙부터 알려 주는 것이지요. 상대방이 그것을 이해했다면 "이 선 밖으로 공이 나가면 안 돼." 등의 좀 더 세밀한 규칙을 알려 주고, 다음에는 공을 똑바로 차는 방법을 알려 주는 식으로 단계를 하나씩 올려 나가요.

기본부터 차근차근, 하나씩 알려 주는 방법은 배운 것을 잊어버리지 않고 쉽게 기억하도록 하고, 배우는 사람도 금방 실력이 느는 효과가 있답니다.

나무 블록을 쌓을 때도 가장 아랫부분을 튼튼하게 쌓지 않으면 얼마 안 가 무너지고 말지요? 마찬가지로 **무언가를 알려**

==줄 때도 가장 기본이 되는 한 가지를 먼저 확실하게 알려 준 다음, 그 위에 하나씩 새로운 내용을 쌓아 가는 거예요.== 그러다 보면 어느새 처음에는 상상도 못했던 높은 단계에 다다를 수 있답니다.

 게다가 기본적이고 쉬운 것부터 하나씩 알려 주면 배우는 사람도 '어? 생각보다 쉽네!'라고 느끼며 자신감을 가질 수 있어요. 심지어 "내가 이걸 해내다니, 나 천재인가?"라며 신이 나서 더 적극적으로 배우게 될 테고요.

닌자 훈련도 기본이 가장 중요하다.

 여러분은 '닌자'에 대해 들어 본 적 있나요? 옛날 옛적 일본에서 첩자, 탐정 등으로 활약한 닌자들은 매일 '삼'이라는 식물을 뛰어넘는 훈련을 했다고 해요.

 삼은 성장이 빨라서 하루에 3센티미터 정도씩 자란다고 하니, 오늘 3센티미터 자랐다면 내일은 6센티미터, 일주일 후에는 21센티미터가 되지요. 매일 그 위를 뛰어넘는다면 하루가 지날 때마다 3센티미터씩 더 높이 뛸 수 있겠지요? 단순히 계산해 보면 한 달이면 90센티미터, 3개월 뒤에는 무려 3미터까지 뛰어넘을 수 있게 되는 거예요.

바로 이 닌자 훈련이야말로 '기본부터 차근차근, 하나씩 알려 주기'의 좋은 예가 아닐까 싶습니다.

하나 더, **상대방에게 무언가를 알려 줄 때는 여러분도 함께 해 보면 더욱 좋아요.** 말로 설명하는 것보다 직접 시범을 보여 주는 편이 알려 주기도 편하고, 상대방도 보다 쉽게 이해할 수 있거든요. "여기서는 두 다리로 딱 버티고!", "이런 행동은 반칙이야."와 같은 식으로 말이에요.

(**너도 함께 해 보는 거야!**)

[문제 발생!]

친구가 다른 친구의 험담을 해!

너무 듣기 싫은데, 어떻게 하지?

기본

"으응, 그래……."라고 말하며 가볍게 흘려듣자.

도전!

화제를 돌려 다른 이야기를 해 보자.

이 정도도 OK!

시간이 해결해 줄 거라고 믿고, 더 이상 신경 쓰지 말자.

험담에는 맞장구치지 않습니다!

누군가가 여러분 앞에서 다른 사람의 험담을 한다면 주의해야 해요. 아무 말 없이 그냥 잠자코 듣기만 했다고요? 하지만 그 자리에 있었다는 사실만으로 여러분도 같이 험담을 한 것으로 비칠 수 있고, 심지어 "쟤가 험담을 했대."라는 말이 돌 수도 있거든요.

무엇보다도 **남을 욕하는 것은 그 자체로도 아주 잘못된 행동이에요.** 듣고 있으면 기분만 나빠지거니와, 혹시라도 여러분이 평소 좋아하던 사람에 대한 험담이라면 더더욱 마음이 언짢아져 더 이상 그 자리에 있기 싫겠지요.

그러니 어떤 험담이라도 적극적으로 맞장구치며 듣지 말고, **"으응, 그래."** 하고 가볍게 흘려듣도록 해요. 대화를 할 때는 공감하는 것이 중요하지만, 험담만큼은 예외예요. 공감하려 하지 마세요. **"그런 일이 있었구나······."** 처럼 적당히 대답하면서 슬쩍 그 자리를 뜨는 것이 좋아요.

 단둘이 있어서 자리를 뜰 수가 없어요.

누군가와 단둘이 있을 때는 자리를 뜨기가 어렵지요. 그런 경우에는 화제를 돌려 보세요. **"아 참! 이번 주 숙제 다 했어?"** 하고 말이에요. 좀 부자연스러울 수 있겠지만 험담을 멈추려면 억지로라도 대화 주제를 바꿀 필요가 있어요.

도대체 왜 이렇게까지 해 가면서 험담을 피해야 하는 것일까요? 바로 **인간관계는 쉽게 변하기 때문이랍니다.**

뒤에서 열심히 욕하고 흉을 보던 사람과도 시간이 지나면 언제 그랬냐는 듯 사이가 좋아질 수 있는 것이 바로 인간관계니까요. 그렇기 때문에 누군가를 험담하거나 따돌리면 나중에 여러분이 곤란한 상황에 처할 수 있다는 것을 명심하세요.

사실 험담을 하는 사람은 대부분 순간적으로 욱하는 마음에 나쁜 말을 하는 경우가 많아요. 더군다나 양쪽의 이야기를 모두 들어 보지 않고서는 섣불리 판단할 수도 없지요. 그러니 여러분은 부디 누군가의 험담을 듣게 된다면 절대 맞장구치지 말고, 슬쩍 얼버무려 버리거나 재빨리 화제를 돌려 험담을 멈추세요.

**상대방이 남의 험담을 할 것 같으면
재빨리 화제를 돌리자!**

제 **2** 장

학교에서 유용하게 쓸 수 있는 말하기 방법

학교에서 의사소통할 때 가져야 하는 마음가짐

학교는 공부하는 곳이기도 하지만 여러분이 하루 중 많은 시간을 보내는 생활 공간이기도 해요. 그렇기에 학교에서는 '모두가 즐겁게 지낼 수 있는 공간을 만들어 가자!'를 기본 방침으로 내세우고 있지요. 학교에서의 언어생활 역시 '모두가 기분 좋게 지낼 수 있는 말하기 방법'에 중점을 두고 있어요.

학교에는 다양한 사람들이 모여 있어요. 그중에는 여러분과

서로 달라도 괜찮아!

전혀 다른 생각을 가진 사람도 있을 거예요.

하지만 그건 다른 사람들도 마찬가지랍니다. 그 사람들에게는 여러분의 생각이 '나와 완전히 다른 것'으로 여겨질 수 있으니까요. 그렇기 때문에 서로가 다름을 인정하고, '나랑은 다르지만 괜찮아.'라고 받아들일 수 있는 관계가 되도록 노력해야 해요.

2장에서는 이러한 관계를 만드는 데 도움이 되는 말하기 방법에 대해 알아보아요.

【자기소개하기】

새 학년이
시작되었어.
멋지게 자기소개를
하고 싶어!

내 소개를
어떻게 하면 좋을까?

기본

"나는 박준서야. 좋아하는 건 수학이랑 축구, 그리고 게임이야."
(이름과 좋아하는 것 3가지를 말해 보자.)

도전!

"내 이름은 김예은이야. 바둑 두는 걸 좋아해. 매일매일 연습해서 얼마 전에 드디어 1급을 땄어. 더 열심히 해서 프로 바둑 기사가 되고 싶어."
(이름과 자신을 알릴 수 있는 이야기를 해 봐.)

이 정도도 OK!

"나는 최서아야. 세상에서 강아지가 제일 좋아. 집에 2마리나 키우고 있어."
(이름과 좋아하는 것 하나만 말해도 괜찮아.)

제2장 학교에서 유용하게 쓸 수 있는 말하기 방법

내가 좋아하는 것에 대해 말해 보세요.

　새 학년이 되어 새로운 반에 들어갈 때, 혹은 모둠이나 동아리 활동을 할 때 자기소개를 해야 하는 경우가 생기지요.
　그럴 때, "○학년 ○반 △△△입니다."라고만 소개하면 다른 사람들은 금방 잊어버리고 말 거예요. 더군다나 같은 반에서 하는 자기소개라면 어차피 학년과 반은 다들 알고 있을 테니

달랑 이름만 말하고 자기소개를 끝내 버린 사람이 되겠지요?

　자기소개를 할 때는 **여러분이 좋아하는 것을 덧붙여 말해 보세요.** "나는 유튜버 ○○○를 좋아해."라고 해도 좋고, "K리그의 △△△ 선수를 응원하고 있어."라고 해도 좋아요.

　이 몇 마디만으로도 깊은 인상을 남길 수 있거든요. 여러분의 자기소개를 듣는 사람들 중에 적어도 한두 명은 여러분과 관심사가 비슷하거나 여러분이 좋아하는 것에 흥미를 가지고 있을 테니까요.

　관심사가 같거나 비슷하면 대부분 '이 사람과 친구가 되고 싶어!'라는 마음이 들기 마련이에요. 여러분도 애니메이션이

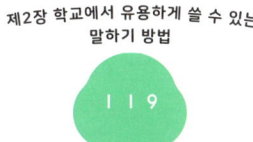

나 아이돌 등 좋아하는 것이 겹치는 아이를 보면 '나랑 잘 맞을지도 몰라!'라고 생각했던 적이 있을 거예요.

게다가 자신이 어떤 사람인지 설명하는 건 어렵지만 '나는 이런 걸 좋아해.'라고 말하는 것은 쉬우니까요.

누군가가 자신이 무엇을 좋아하는지 말해 주었을 경우 의외로 기억에 오래 남는 경향이 있어요. 몇 년이 지난 후에도 '아! 그 사람, 이걸 좋아한다고 했지.' 하고 떠오른 적이 꽤 많답니다.

 구체적인 일화를 말하자.

이야깃거리가 있다면 **구체적인 일화를 말해 주는 것도 나를 소개하는 데 큰 도움이 되어요.**

예를 들어 볼까요? "나는 뭐든 열심히 해요."라는 소개는 별로 기억에 남지 않아도 "나는 줄넘기를 싫어했지만, 매일 아침 20분씩 열심히 연습했더니 최근에는 한 번도 쉬지 않고 50번 넘게 할 수 있게 되었어요."와 같이 구체적인 경험을 이야기하면 모두들 '와, 진짜 뭐든 열심히 하는구나.'라고 생각하게 될 테니까요.

다만 이런 일화를 말할 때는 자랑처럼 들리지 않도록 주의하세요. 되도록이면 모두가 재미있게 웃으면서 들을 만한 가벼운 이야기를 준비하는 것이 좋답니다.

하나 더, **만약 여러분이 모두에게 부탁하고 싶은 것이 있다면 반드시 자기소개 때 미리 말해 두세요.**

예를 들어, "나는 왼쪽 귀가 잘 안 들리기 때문에 오른쪽에서 말해 주면 좋겠습니다."라고 미리 말해 두면 다들 신경 써 줄 것이고, 여러분도 매번 사정을 설명하지 않아도 되니까 편하겠지요?

(**자기소개를 하며 나와 잘 맞을 것 같은 아이를 찾아보자.**)

[도움 요청하기]

선생님이 종이접기를 가르쳐 주셨는데, 나만 못 접고 있어. 누가 좀 도와줘!

| 기본 | "이것 좀 도와줄래?"라고 물어봐. |  |

| 도전! | "여기까지는 알겠는데, 이다음부터 모르겠어. 좀 알려 줘."라고 자세히 말해 보자. |  |

| 이 정도도 OK! | "이상하네. 열심히 접었는데 전혀 다른 모양이 되었어."라고 옆자리 아이에게 슬쩍 말해 보자. |  |

제2장 학교에서 유용하게 쓸 수 있는
말하기 방법

쉽게 도움받을 수 있는 말하기 방법이 있어요.

　누군가를 돕는 건 결코 간단한 일이 아니에요. 대부분의 사람들은 자기 일을 하는 것만으로도 버겁기 때문에 남의 일에 마음을 쓸 여유가 많지 않거든요. 학교생활에서도 마찬가지랍니다.
　그렇기에 여러분이 곤란한 상황에 처했을 때, 잠자코 기다리기만 해서는 아무런 도움을 받을 수 없어요. **"나 좀 도와 줘.", "이거 좀 가르쳐 줘."라고 적극적으로 말해야만 해요.**

나도 초등학생 시절, 미술 시간에 종이접기 방법을 잊어버려 당황했던 적이 있어요. 다른 친구들은 별로 어렵지 않게 척척 접고 있는데 나 혼자만 뒤처지자 무척 초조해졌지요.

그런데도 왠지 '못하겠어. 좀 가르쳐 줘.'라는 말이 입 밖으로 나오지 않았어요. 나만 못하는 것이 부끄럽기도 했고, 다른 아이들을 방해하는 것 같다는 생각도 들었거든요.

하지만 그때 순순히 **"잘 모르겠어. 좀 도와줄래?"** 라고 말했다면, 종이접기를 끝낸 친구가 "그럼, 내가 도와줄게.", "어떻게 접는지 알려 줄까?"라며 도움의 손길을 내밀어 주었을지도 몰라요. 그러면 몰랐던 것도 알게 되고, 종이접기 시간이 더욱 재미있어졌을 거예요. 그렇게 흥미와 관심의 폭이 넓어지는 것이지요.

 상황을 설명하고 도와 달라고 해 보자.

'도와줘.', '가르쳐 줘.'라고 부탁할 때는 **자신이 지금 처해 있는 곤란한 상황을 구체적으로 설명하는 것이 좋아요.**

"이 부분을 잘 못하겠어. 좀 알려 줘.", "여기까지는 그럭저

력 잘 했는데 이다음부터 모르겠어. 좀 가르쳐 줄래?" 이렇게 '지금 내가 어떤 상태이며 무엇을 도와주기를 바라는지', '어떤 부분을 가르쳐 주기를 바라는지'를 명확히 설명해 보세요. 그러면 상대방도 무엇을 알려 줘야 하는지 감을 잡기 쉬워지거든요.

하지만 설명하는 것이 힘들 정도로 어렵거나 낯선 문제에 맞닥뜨렸다면 어떻게 해야 할까요? 그때는 솔직하게 말하는 것이 좋아요. "열심히 해 봤는데도 도저히 못하겠어. 어떻게 하는지 가르쳐 줘."라고 말이에요.

정리해 보자면, 도움이 필요할 때는 상대방이 쉽게 나를 도와줄 수 있도록 상황을 설명하세요. 도움을 받는 데에도 다 요령이 필요한 법이랍니다.

그리고 절대 잊지 말아야 할 것이 있지요? **도움을 받았다면 상대방에게 반드시 '고맙다'는 말을 전합시다!**

"이렇게 되어 버렸는데, 좀 도와줄래?"
상황을 말하는 게 최고야!

【누구의 말이 알아듣기 쉬울까?】

[상황 설명하기]

큰일 났어! 같이 놀던 친구가 다쳤는데, 뭐라고 말해야 할지 모르겠어!

> 그러니까 신발이 너무 헐렁해서 벗겨질 것 같았고, 피가 난 건 계단에서 넘어졌는데, 처음에 숨바꼭질을 하다가…….

기본

"○○가 다쳤어.
선생님을 모시고 와 줘!"처럼
중요한 것부터 말하자.

도전!

먼저 상황부터 설명하고
그다음에 원인을 말해 보자.

이 정도도 OK!

중요한 것 3가지 정도만
딱딱 간추려서 이야기해 봐.

제2장 학교에서 유용하게 쓸 수 있는
말하기 방법

설명하는 방법을
알아 둡시다!

중요한 것부터 말하자.

친구가 다쳤다면 "내가 보건실에 데리고 갈게!", "선생님 좀 모시고 와 줘!"처럼 당장 해야 할 것을 짧게 말하세요. 일단 **자세한 이야기는 뒤로 미루세요. 지금 가장 중요한 건 신속함이니까요.**

그런데 만약에 "○○가 왜 다쳤냐면요, 원래 ○○랑 △△가 사이가 안 좋았거든요? 그런데 갑자기 싸우기 시작해서……." 라고 미주알고주알 이야기한다면 어떻게 될까요? 당장 알려야 할 중요한 정보를 제대로 전달할 수도 없을뿐더러, 대처가 늦어져 자칫 상황이 나빠질 수도 있어요.

그러니 명심하세요. 급한 상황에 처했을 때는 먼저 '중요한 것'만을 짧게 간추려 전하도록 해요!

이렇게 말하기 위해서는 '반드시 말해야 하는 것'을 우선적으로 고를 수 있는 안목이 필요해요. 이런 안목은 학교에서 무슨 일이 일어났을 때뿐만 아니라, 훗날 어른이 되어 많은 사람들 앞에서 발표를 할 때, 대학교 입학이나 취업 면접을 볼 때도 큰 도움이 되어요.

그러니 평소에 미리 연습해 보는 것이 좋아요. 어떤 일이 일어났을 때 '지금 이 상황에서 가장 먼저 말해야 할 것은 무엇일까?' 하고 생각하는 습관을 들여 보세요.

상황을 설명한 다음에 원인을 말하자.

다친 친구를 보건실에 데려가고 선생님께 연락을 하는 등 당장 급한 일이 끝났다면, 친구가 다친 원인에 대해 말해요.

그런데 이때, 방금 일어났던 사고와 너무 동떨어진 것부터 말하기 시작하면 설명이 길어져 상황을 제대로 전달하기 힘들어지지요.

그러면 어떻게 하는 게 좋을까요? **바로 사고가 일어난 상황에서부터 시간을 거슬러 올라가며 설명하는 거예요.** "이런 일이 있어서 다쳤어요. 그 일이 일어난 이유는……."과 같은 식으로 말이지요. 동영상을 거꾸로 재생한다는 느낌으로 말하면 이해하기 쉽지요?

 중요한 것 3가지만 콕 집어 말하자.

본격적으로 상황을 설명하기 전에 꼭 말해야 하는 것을 3가지로 간추리는 것도 무척 좋은 방법이에요. 그렇게 하지 않으면 설명이 길어지고 번거로워지거든요. 지금 이 사람이 무슨 말을 하고 있는지 끝까지 다 듣지 않고서는 내용을 알 수 없기 때문에 듣는 사람도 무척 피곤할 거예요.

이렇듯 이해하기 쉽게 설명하는 요령은 하루아침에 익힐 수 있는 것이 아니니, 이야기할 때마다 연습해 보아요!

설명의 기본 방법을 생각하면서 차분하게 상황과 이유를 말해 보자.

[이유]

[상황]

친구가 다쳐서 피가 나요.

숨바꼭질하다가 미끄러져서 계단에서 떨어졌어요.

이렇게 말하면 쉽게 이해돼.

〔기억하기〕

이동 수업 날, 선생님이 주의할 것들을 말씀하셨는데 홀랑 까먹었어!

기본

메모를 하자!

도전!

손가락으로 하나하나 짚어 가면서 확인해 보자.

이 정도도 OK!

선생님이 말씀하신 내용을 작게 중얼거려도 좋아.

선생님 말씀을 메모합시다!

 선생님이 말씀하실 때는 떠들지 말고, 귀를 기울여 집중해서 들어야 해요. 선생님이 하시는 말씀은 대부분 중요하니까요. 그런데도 선생님 말씀을 대충대충 듣는다면 무척 예의 없는 행동이겠지요?
 그리고 **선생님이 말씀하실 때는 반드시 메모를 합시다.** 모든 내용을 전부 적을 필요는 없고, 중요하다고 생각되는 부분을 중심으로 메모하면 돼요.

어느 부분이 중요한지 모르겠다면 일단 이야기의 키워드인 '핵심어' 위주로 메모해 보세요.

예를 들어, 학교에서 재난 안전 훈련을 한다면 선생님이 몇 가지 주의해야 할 것들을 말씀해 주실 거예요. '밀지 않기', '떠들지 않기'처럼 대부분 '○○하지 않기'와 같은 것들이에요.

'○○하지 않기'는 '해서는 안 된다.'는 뜻이기 때문에 선생님은 평소와는 다르게 강한 말투로 말씀하실 거고요. 이런 식으로 집중해서 듣고 있다가 선생님이 무게를 실어 말씀하시는 부분을 알아차려 냉큼 메모하도록 해요.

 메모를 하면 기억에 잘 남는다.

또 메모를 하면 쉽게 잊어버리지 않고 오래도록 기억할 수 있는 효과도 있지요.

나는 중학생 때 테니스부였는데, 연습할 때 주의해야 할 것들을 쪽지에 써서 테니스 라켓에 붙여 두었답니다. 이렇게 해 두면 한창 연습하고 있을 때도 쪽지 내용이 눈에 들어오기 때문에 정신을 바짝 차리고 주의 사항을 잊지 않을 수 있었지요.

메모하기뿐 아니라 **작은 소리로 몇 번이고 반복해서 중얼거리는 것도 좋은 방법이에요.** 'OO를 잊지 말자!'라고 계속 중얼거리다 보면 자연스럽게 머릿속에 스며들 테니까요. 마치 선생님이 주의 사항을 반복해서 말씀하시는 것처럼, 자기 자신에게도 반복해서 주의를 주는 것이지요.

들은 내용을 까먹지 않고 확실히 행동으로 옮기기 위해서는 메모한 내용을 손가락으로 하나하나 짚어 가면서 확인하는 방법도 있어요.

나는 어릴 때 학교에 준비물을 깜빡하고 챙겨 가지 않은 적이 무척 많았어요. 하도 자주 까먹다 보니, 언제부터인가 학교에 가기 전날 밤이면 챙겨야 할 것들을 손가락으로 하나하나 짚으면서 확인하는 습관이 생겼지요.

"멜로디언은? 챙겼어! 그럼 컴퍼스는? 이것도 챙겼어!" 이런 식으로요. 이걸 날마다 반복했더니 더 이상 준비물을 빠뜨리지 않게 되었답니다.

그런데 여러분, 혹시 눈치챘나요? 지금까지 설명한 방법들 모두 '몸'을 쓰고 있다는 것을요.

메모를 하려면 손을 써야 하지요? 반복해서 중얼거리려면 입과 귀를 쓰고, 하나하나 짚어 가면서 확인하려면 손가락을 쓰지요.

많은 사람들이 무언가를 기억할 때는 머리만 사용한다고 생각하지만, 사실 머리만 사용하는 일은 거의 없고 대부분의 경우 몸의 움직임과 연결되어 있어요. 그러니 무언가를 더욱 잘 기억하기 위해서는 몸 어딘가를 함께 움직이는 것이 훨씬 효과적이랍니다.

(**몸을 움직이면서 외우면 더 잘 외워진다.**)

【중요한 일을 까먹지 않으려면?】

• 중요한 단어 위주로 메모하기.

시간, 장소, 주의 사항, 해야 할 일 등등.

| 8시까지 교문 앞으로 모이기

준비물
물통, 돗자리, 필기도구 | (가져오면 안 되는 것)
게임기

(꼭 해야 할 일)
모자 챙기기 |

• 잘 보이는 곳에 메모지 붙여 두기.

| 모자 챙기기 |

잘 보이는 곳에 붙여 놓으면 안 까먹을 거야.

- 메모한 내용을 작게 중얼거리기.

- 하나하나 손가락으로 짚으며 확인하기.

손으로 메모하고,
입으로 중얼거리고, 귀로 듣고,
손가락으로 짚어 확인하기.
몸을 움직이면서 외워 보자!

[모둠 활동하기]

모둠 발표를 해야 하는데, 한 아이가 아무것도 준비해 오지 않았어!

왜 약속을 안 지켜?

기본

"그날까지 할 수 있겠어?"라고
며칠 전부터 물어보자.

도전!

미리미리 다 함께 준비해 두면
문제없을 거야!

이 정도도 OK!

"난 이렇게 하고 있는데, 넌 어때?"
얼마만큼 준비되었는지
넌지시 물어보는 것도 좋아.

"왜 아무것도 안 했어!"라고 화를 내기 전에 해야 할 일이 있어요.

상대방이 아무것도 준비해 오지 않았다면 분명 어떤 이유가 있을 거예요.

모둠 발표가 언제인지를 까먹었을 수도 있고, 발표가 있다는 사실조차 몰랐을 수도 있어요. 혹은 본인이 맡은 일을 어떻게 해야 할지 몰라 발을 동동 구르고 있었을지도 몰라요. 때로는 그냥 하기 싫어서 하지 않은 경우도 있겠지만요.

이렇게 다양한 이유가 있을 수 있기 때문에, **다짜고짜 화를 내면서 "뭐 하는 거야? 오늘 발표하는 날이잖아!" 하고 다그치면 서로 감정만 상할 뿐이에요.** 상대방은 "지금 무슨 말을 하는 거야?", "이따가 내려고 했는데!"라며 당황해할 수도 있으니까요.

그러니 우선은 상대방이 날짜를 지키지 못한 이유부터 알아보아야 해요.

그런데 모둠 발표를 하는 날이 되어서야 "앗, 오늘인 줄 몰랐어."라고 말하는 사람을 보면 아무래도 좋은 감정이 들기는 어렵겠지요. 심지어는 "까먹지 말라고 미리미리 말해 줬어야지."라고 도리어 큰소리를 치는 사람도 있을 거고요.

그럴 때는 '말도 안 돼! 네가 기억하고 있어야지.' 하고 어이없는 마음에 불쑥 화가 나기도 할 거예요. 하지만 화는 조금 참아 두고, 대신 상대방에게 모둠 발표 날짜를 미리 알려 주는 친절을 베풀어 보세요. 인간관계에서는 이런 작은 친절이 무척 중요하거든요.

그러니 날짜를 지키지 못할 것 같은 사람이 있다면 미리 **"내일까지인데, 준비 많이 했어?"** 라고 살짝 물어봐 주세요.

 모두 함께 하면 늦지 않고 할 수 있다!

발표 준비 자료를 언제까지 내야 하는지도 알고 있고 꼭 해야 한다는 것도 알고 있지만, 시작할 엄두조차 내지 못하는 사람이 있을 수 있어요.

그런 사람에게는 **"나는 이런 식으로 했어."** 라고 방법을 가르쳐 주는 것이 좋아요. 만약 상대방이 "좀 어려워.", "이해가 잘 안 돼……."라며 혼자서 하는 것을 힘들어하는 눈치라면, **"그럼 같이 하자."** 라고 손을 내밀어 주세요. 그러면 제때 발표 준비를 끝낼 수 있을 거예요.

나의 경험을 하나 이야기할게요. 초등학생 때, 모둠별로 발표를 한 적이 있어요. 각자 할 일을 나누어서 발표 준비를 하는데, 제대로 하지 못하는 아이가 한 명 있었지요. 눈치를 보아 하니, 집에서 해 오라고 해도 혼자서는 못할 것 같더군요.

결국 모둠원 몇 명이 그 아이 집에 가서 함께 발표 준비를 끝냈지요.

혼자서는 하기 어려운 일이라도 누군가와 함께 하면 잘 해낼 수 있다는 것을 그때 깨달았어요.

"그럼 같이 하자."는 말 한마디에 상대방은 의욕이 생길 것이고, 발표 준비도 무사히 끝마칠 수 있답니다.

혼자서 하기 어려워하는 아이가 있다면
상황을 물어보고 도와주자!

[모둠 활동하기]

어쩌면 좋지?
모둠장이 되었는데,
뭘 어떻게 해야
할지 모르겠어!

모둠장은 무슨 일을 해야 하는 거야?

| 기본 | 모둠장은 내용 전달만 잘해도 되니까 부담 가지지 마. |  |

"다 같이 힘내자!"라고 긍정적인 말을 건네 보자!

이 정도도 OK! 자신 있게 해 보는 거야! 능력이 뛰어난 사람만이 모둠장을 맡는 건 아니거든.

제2장 학교에서 유용하게 쓸 수 있는 말하기 방법

리더의 가장 중요한 역할은 '전달하기'입니다.

리더라면 자고로 "자, 모두 나를 따라와!" 하고 카리스마를 보여 주어야 한다고 생각하나요? 보통 팀의 리더라고 하면 구성원들을 이끌고 지시를 내리는 이미지가 떠오를 거예요. 하지만 그것은 어디까지나 리더의 역할 가운데 한 부분에 지나지 않는답니다.

리더의 역할은 '전달 담당'

리더의 가장 주된 역할은 중요한 내용을 구성원들에게 전달하는 것이에요.

축구나 농구 같은 단체 스포츠에서는 감독이 경기 중에 선수들에게 지시할 사항이 있으면 팀의 리더인 주장을 불러서 말하지요. 그러면 주장은 감독의 말을 다시 동료 선수들에게 전달하고요. 단체 스포츠에서는 흔히 있는 일이에요.

그렇기 때문에 말을 제대로, 정확하게 전달할 줄 아는 사람이 단체 스포츠에서 리더를 맡곤 한답니다. 경기 실력이 빼어나게 좋은 선수만이 리더가 되는 게 아니란 말이지요. 고등학교 야구팀에서는 주전 선수가 아닌 후보 선수가 주장을 하기도 하니까요.

그러니 덜컥 리더가 되었다 해도 너무 걱정하지 마세요. **"감독님이 하는 말을 잘 전달하자.", "목소리를 크게 내자."** 정도만 머릿속에 넣고 있으면 충분히 리더의 역할을 잘 해낼 수 있어요.

또한 **긍정적인 말로 좋은 분위기를 만드는 것도 리더에게 필요한 자질**이에요. 모두가 힘들어할 때는 적당히 농담을 던져 가며 구성원들에게 기운을 불어넣기도 하지요.

그런 모범이 되는 리더의 예로, 2012년 런던 올림픽에서 은메달을 딴 일본 여자 축구팀 주장 사와 호마레 선수가 있어요. 호마레 선수는 늘 같은 팀 선수들에게 "힘들면 내 등을 봐."라고 말했다고 해요. 체력도 의지력도 바닥나는 시합 후반, "나는 팀을 위해 끝까지 싸울 테니까, 함께 최선을 다하자."라는 말을 듣는다면 절로 힘이 솟겠지요. 이런 모습이야말로 진정한 리더십의 표본이 아닐까 싶어요.

그러니 부디, **리더를 맡을 기회가 오면 적극적으로 경험해 보는 것을 추천해요.** 앞으로 여러분이 가게 될 대학교나 직장에서는 사람들을 잘 이끌고 분위기를 밝게 만들어 주는 사람들이 인기를 얻으니까요. 멋진 어른이 되려면 일찌감치 다양한 경험을 해 두어야겠지요?

부담 갖지 말고, 리더 한번 해 보는 거야!

【리더의 역할】

① 중요한 내용 전달하기.

② 큰 소리로 말하기.

③ "모두 파이팅!"
  긍정적인 말 건네기.

【의견 내기】

의견을 내라는데, 도저히 무슨 말을 해야 할지 모르겠어.

딱히 낼 의견이 없는데…….

기본   좋은 점을 찾아서 말해 보자.

도전!   나만의 '베스트 3'를 뽑아서 말해 보는 거야.

이 정도도 OK!   의견에는 정답이 없어. 내 생각을 자유롭게 말하면 돼.

의견과 감상이란,
내가 생각한 것과 느낀 것을
말하는 거예요.

　　의견이나 감상을 말하려면 먼저 여러분 스스로가 생각하거나 느낀 것이 있어야 해요. 아무 생각 없이 멍하니 있거나, 상대방의 이야기를 귀담아듣지 않는다면 아무런 의견을 가질 수가 없겠지요?
　　그리고 누군가가 여러분에게 의견을 물어본다는 것은 여러분이 어떤 생각을 가지고 있는지 궁금해한다는 의미랍니다. 그런데 "난 아무 의견 없어."라고 대답한다면 상대방은 실망하고 말 거예요.

그러니 **무언가를 할 때는 의식적으로라도 생각하고 느끼기 위해 노력해야 해요.**

만약 친구가 직접 구운 쿠키를 선물해 주었다고 해요. "맛이 어때?", "솔직히 말해 줘."라고 물어 오는 친구에게 "그냥 그래."라던가 "별로 할 말이 없는데?"라고 할 수는 없지요? 그러니까 쿠키를 먹는 순간에도 부지런히 생각하고 느껴야 한다는 거예요.

생각하는 것이 어렵다면 느끼는 것만으로도 충분해요. 좋은 식감을 느꼈다면 "쿠키가 바삭바삭해!"라고 말하면 되고, "초코칩이 달콤해서 좋아."라고 말해도 충분해요.

의견이나 감상에는 정답이 없어요. 스스로 생각하고, 직접 느껴 보고, 여러분의 마음이 조금이라도 끌리는 부분이 있다면 그걸 집어내어 말하면 된답니다.

상대방의 좋은 점을 찾아 말해 보자.

이렇듯 스스로 생각하고 느끼면서 알게 된 것을 상대방의 기분을 헤아리면서 말로 표현하는 것이 바로 의사소통이지요. 그러니 생각하고 느끼는 동안 상대방의 좋은 점도 함께 찾아 말해 보세요.

아무리 칭찬할 부분이 없어 보이더라도 어떻게든 좋은 점을 찾아 말해 보려는 노력이 중요하답니다. 그리고 자세히 찾아보면 한두 가지는 분명 있을 거니까요.

다시 쿠키 이야기로 돌아가 볼까요? 쿠키 맛이 별로였다고 해도 맛 이외의 부분에서 좋은 점을 찾을 수 있어요. 예를 들면, **"모양이 귀엽다!"**, **"우아, 버터 향이 고소해!"**라고요.

어느 영화 평론가는 **'무엇이든 칭찬할 점은 반드시 있다.'**는 마음가짐으로 영화를 봤다고 해요. "그 대사를 할 때 배우의 말투가 좋았다.", "첫 장면이 강렬했다."라는 식으로 작은 부분에서라도 칭찬할 거리를 찾았지요. 만약 도무지 칭찬할 구석이 없다면 '그 장면에서 나온 화장실이 깨끗했다.'라고 칭찬했을지도 몰라요.

 자신이 뽑은 '베스트 3'를 말해 보자.

'좋은 의견을 내야지.'라는 생각에 머리를 쥐어짜다 보면 오히려 아무 의견도 떠오르지 않기도 해요. 그럴 때는 '내가 뽑은 베스트 3'를 정하는 습관을 들이면 도움이 될 거예요. 예를 들어, '소풍에서 즐거웠던 순간 베스트 3'와 같은 느낌으로 말이지요.

사실 이 방법은 글을 쓸 때도 얼마든지 사용할 수 있답니다. 어떠한 주제에 대해 '나만의 베스트 3'를 정하고, 그 순서대로 하나씩 써 나가면 글쓰기가 훨씬 수월해질 거예요.

POINT

(**내 마음이 끌리는 대로 말해 보자.**)

【내가 뽑은 베스트 3】

① 산꼭대기에서 내려다본 경치가 멋있었다.

② 구름다리가 무서웠다.

③ 도시락이 맛있었다.

이렇게 '나만의 베스트 3'를 정해 놓으면 글도 쉽게 쓸 수 있어.

[의견 내기]

내가 이야기를 하면 모두들 고개를 갸웃거려. 이해가 잘 안 되나 봐!

 이야기를 시작하기 전에, 먼저 무엇에 대한 내용인지 알려 주자.

② 자세하게 이야기해 보자.

③ 중요한 부분은 맨 처음에 말하는 게 좋아.

이야기할 것을 정리해 봅시다!

 열심히 이야기하고 있는데 듣는 사람들의 반응이 시큰둥하거나 이야기가 제대로 전달되지 않는 것 같아서 불안해졌던 적 있지 않나요?
 상대방이 별다른 반응이 없을 때는 대부분의 경우 **이야기를 잘 이해하지 못하고 있기 때문이에요.** 이야기가 재미없어서 그런 것이 아니라, **이야기가 너무 복잡하거나, 갈피를 못 잡고 횡설수설해서 그런 것이지요.**

즉 이야기를 제대로 정리해서 전달하지 않으면 아무리 재미있는 내용이라도 사람들은 집중해서 듣지 않을 거예요. 당연히 머릿속에 전혀 남지도 않을 것이고요.

그러면 듣는 사람이 쉽게 이해할 수 있게 이야기하는 방법은 무엇일까요? 바로 다음 3가지 포인트에 정답이 있어요.

① 이야기를 시작하기 전에 주제를 먼저 알려 준다.

"제가 좋아하는 책에 대해서 이야기하겠습니다." 또는 "제가 산에 갔을 때 일어난 일이에요."라는 식으로 말이지요.

그럼 듣는 사람은 '책 이야기구나.', '산에 올라갔었구나.'라면서 여러분의 이야기를 들을 마음의 준비를 할 수 있어 한층 더 진지하게 귀를 기울일 거예요.

② 중요한 부분은 맨 처음부터 이야기한다.

사람의 집중력은 그리 오래가지 않기 때문에, 중요한 부분은 되도록이면 상대방이 여러분의 이야기에 가장 집중하고 있을 시작 부분에 하는 것이 좋아요.

소설의 경우, 처음에는 평범한 이야기로 시작하여 분위기를 점점 고조시키다가 마지막에 이르러서야 절정에 다다르는 서술 방식이 많지만, 발표나 연설은 완전히 달라요. 중요한 이야기를 먼저 꺼내야만 그다음 이야기도 재미있게 이어 나갈 수 있고, 듣는 사람도 집중하기가 편해지니까요.

 ③ 자세하게 이야기한다.

여러분이 실제로 겪은 일을 적절히 섞어 보거나 생생한 묘사를 곁들여 자세하게 이야기해 보세요.

단순히 "너무 무서웠어요."라고만 한다면 '어느 정도로 무서웠는지', '무엇 때문에 무서웠는지' 알 수가 없어서 듣는 사람들의 머리에 전혀 남지 않아요.

그 대신, "너무 무서웠어요. 마치 **커다란 곰한테 쫓기는 기분이었어요.** 지난주 금요일, 공원에 갔는데 말이에요……." 라고 이야기하면 어떨까요? 듣는 사람들은 이야기가 주는 생생한 긴장감을 느끼며 더욱 이야기에 집중할 거예요.

> 이야기가 제대로 전달되는 것 같지 않다면
> 내용을 한번 정리해 보자.

【이야기 정리하기】

① **이야기를 시작하기 전에 주제에 대해 알려 주기.**
"오늘은 제가 좋아하는 책에 대해서 이야기하겠습니다."

② **중요한 부분은 맨 처음에 이야기하기.**
"이 책은 모험과 스릴이 가득한 판타지 소설이에요."

③ **자세하게 이야기하기.**
"마법 학교에서 친구들과 함께 어둠의 마법사와 싸우는 이야기예요."

[의견 내기]

나 혼자만 다른 의견일 때는 어떻게 해야 할까?

내 말도 좀 들어 봐!

| 기본 | 당당하게 자신의 의견을 말해 보도록 하자! |  |

| 도전! | 다수결로 의견이 정해졌다면 결과를 깨끗이 받아들이자. |  |

| 이 정도도 OK! | 한 사람 한 사람의 의견을 모두 들어 보는 것이 좋아. |  |

사람들과 의견이 달라도 당당하게 말합시다!

　사람들은 동의하는 쪽이 많은 의견에 쉽게 휩쓸리기 마련이에요.
　예를 들어, 사람들이 길게 줄을 서 있는 식당과 아무도 줄을 서지 않은 식당이 있다고 해요. 아마 대부분의 사람들은 줄이 길게 늘어선 식당에 가고 싶을 거예요.

길게 줄을 서 있는 식당은 많은 사람들이 맛집이라고 인정한 것일 테고, 많은 사람들이 인정한 식당이라면 실제로도 무척 맛있을 거라고 쉽게 단정해 버리지요.

하지만 식당 앞에 사람들이 길게 늘어서 있다고 해서 그 식당이 정말 맛집인지는 알 수 없어요. 아무리 그 식당의 음식이 대부분의 사람들 입맛에 맞다 해도 어떤 사람에게는 아닐 수도 있으니까요. 그러니 먼저 이것을 꼭 마음에 새겨 두었으면 해요. **사람들 모두가 '좋다.', '옳다.'고 말한다고 해서 그것이 정말로 100% 좋고, 옳은 것은 아니라는 것을요.**

이 세상에 100% 옳은 건 없어.

그러니 여러분의 의견이 다른 사람들과 달라서 아무도 여러분의 말에 귀 기울여 주지 않더라도 꿋꿋이 **"제 의견은 이렇습니다!"**라고 당당하게 주장해 보세요.

'아무도 들어 주지 않으면 헛수고잖아!'라고 생각할 수도 있겠지만 그렇지 않아요. 어쩌면 누군가는 여러분과 같은 의견을 가지고 있는데 용기가 없어 말을 하지 못한 것일 수도 있으니까요. 여러분이 당당하게 나선다면, "사실은 나도 같은 의견이야." 하면서 여러분의 의견에 공감하는 사람들이 나타날지도 몰라요.

같은 의견처럼 보여도 각자의 생각은 모두 다르다.

모두가 같은 의견을 가지고 있는 것 같아도 세세하게 따져 보면 사람마다 생각이 다 다를 수 있어요.

예를 들면, 대부분의 아이들이 '같은 반끼리는 모두 사이좋게 지내는 것이 좋다.'는 의견을 가질 수 있겠지만 그 이유에 대해서는 모두 제각각이지요. 누구는 '사이좋게 지내면 공부가 잘 되니까.'라고 생각할 수도 있고, 또 누구는 '모두 사이좋게 지내면 따돌림당하는 아이가 없으니까.'라고 생각할 수도 있어요. 어쩌면 '그냥 다른 사람 의견에 따르면 편해.'라고 생각하는 아이가 있을지도 모르지요.

결국, **아무리 같은 의견처럼 보여도 구체적인 부분에서는 사람마다 조금씩 다를 수밖에 없답니다.**

그렇기 때문에 한 사람 한 사람의 의견을 모두 들어 보는 것이 좋아요. 각자 가지고 있는 구체적인 생각을 말하다 보면 여러분과 의견이 비슷한 사람이 나올 가능성이 높으니까요.

마지막으로, 여러 가지 의견 중 하나를 정해야 할 때는 다수결로, 더 많은 사람들이 찬성하는 의견을 따라 결정하는 경우가 많아요. 그때 만일 **여러분의 의견이 선택되지 않더라도, 더 이상 의견을 주장하지 말고 그 결정에 따르도록 하세요.**

'에이, 뭐야. 그렇게 할 거면 굳이 애써서 내 의견을 주장할 필요가 없었잖아.'라는 생각이 들 수도 있겠지만 사실은 그렇지도 않아요. 다수결로 결정된 의견이 만족스러운 결과를 얻지 못할 경우에는 다시 여러분의 의견이 선택될 수도 있으니까요.

한 사람 한 사람의 의견을 소중히 여기자.

【의견 내기】

내가 낸 의견이
너무 보잘것없는
것 같아서
걱정이야……

기본

부담 가지지 말고,
그냥 생각한 것을 말하면 돼.

도전!

다른 사람의 의견을 들으면서
느낀 것을 메모해 봐.

이 정도도 OK!

다른 사람의 의견에
찬성하는 것만으로도 충분해.

토론이나 회의를 할 때, 꼭 훌륭한 의견을 내지 않아도 괜찮아요.

토론이나 회의를 할 때는 의견을 내는 것이 중요하지만, 언제나 좋은 의견이 떠오르는 것은 아니지요.

 그 자리에서 바로 떠오른 것을 말해 보자.
도무지 의견이 떠오르지 않을 때는 일단 생각난 것을 편하게 말해 보세요. **"저도 그 의견에 찬성합니다."**라고 하거나, **"○○○한 부분이 좋은 것 같습니다."**라고 해도 좋아요.

'진짜 아무 의견도 떠오르지가 않아!'라는 생각이 들 때도 사실은 분명 머릿속에는 이런저런 가벼운 아이디어들이 있을 거예요. 단지 '이런 의견은 비웃음만 당할 거야.'라는 두려움 때문에 차마 말을 하지 못하는 것이지요. '남들은 생각해 내지 못한 의견을 내야 해.'라는 부담감도 있을 테고요.

하지만 반드시 훌륭한 의견만 낼 필요는 없어요. 다른 사람이 이미 말한 의견과 비슷해도 괜찮아요. **의견에는 맞고 틀리고가 없으며, 가벼운 의견이라도 다른 사람에게 영감을 줄 수**

도 있으니까요. 그러니 어떤 생각이든지 일단 떠오르면 머뭇거리지 말고 바로 말해 보세요.

다른 사람이 낸 의견을 메모해 두자.

의견을 생각해 내기가 힘든 것은 지금 이야기하고 있는 주제나 다른 사람들이 낸 의견을 정확히 이해하지 못했기 때문일 수도 있어요. 그러므로 토론을 할 때는 상대방의 의견을 귀 기울여 듣고, 그 의견에 의문이 있다면 메모해 보세요.

예를 들면, "○○가 그 곡은 음이 너무 높아서 부르기 힘드니 별로라고 했는데, 높은음을 낼 수 있는 사람이 정말 없을까?"라는 식으로 말이에요.

다른 사람의 의견을 들을 때는 '그게 정말일까?', '그게 무슨 의미지?', '반대 입장에서 생각해 보면 어떨까?' 하고 의문을 가져 보세요. 이런 의문들을 하나하나 적어 두면 그것이 그대로 자신만의 의견이 된답니다.

'정말 그럴까?'라는 의문은 '생각하기'의 시작.

이처럼 **의문은 '생각하기'의 시작이 되어요.** 의문을 풀기 위해서는 이유와 원인을 생각해야 하니까요. 여러분이 의견으로서 '의문'을 던지면 토론에 참여한 사람들도 '그러고 보니, 그건 왜 그런 거지?'라고 생각하는 계기도 된답니다.

그런데도 마땅한 의견이 떠오르지 않는다면, 다른 사람들이 낸 의견들 가운데 괜찮은 것을 하나 골라 찬성해 보아도 좋아요. "나는 ○○의 의견에 공감합니다."라고 한 다음, **그 이유를 설명하는 것만으로도 하나의 의견이 되니까요.**

그러니 다른 사람들의 의견을 잘 듣고, 그 가운데서 이야기할 거리를 찾아보도록 합시다.

(다른 사람의 의견에 공감하고, 그 이유를 말하는 것만으로도 훌륭한 의견이 된다.)

【의문은 '생각하기'의 시작】

> 정말 그럴까?

> 그게 무슨 의미지?

> 반대 입장에서 생각해 보면 어떨까?

> 의견을 말한 다음에는, '그 이유는' 또는 '왜냐하면'이라고 덧붙여서 이유를 설명하는 게 좋아.

【의견과 감상을 말할 때 주의할 점】

• 나와 의견이 다르다고 무시하지 않는다.

• 의문을 가지면서 자기의 의견을 만든다.

• 다른 사람의 의견을 따르는 것도 좋다.

- 중요한 내용을 먼저 말한다.

- 내 생각을 당당하게 말해 본다.

- 조금이라도 좋은 점을 찾아본다.

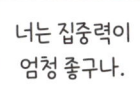

[문제 발생!]

학급 회의에서 사회를 맡았는데, 아무도 의견을 내지 않아!

누가 의견 좀 내 줘!

| 기본 | 아직 의견을 내지 않은 사람에게 "어떻게 생각하세요?"라고 물어봐! |  |

| 도전! | 커다란 종이에 다 같이 의견을 자유롭게 써 보자. |  |

| 이 정도도 OK! | 앞에 앉은 사람부터 차례차례 의견을 내라고 하는 것도 좋아. |  |

"어떻게 생각하나요?"라고 물어보세요.

여러분이 사회를 맡은 학급 회의 시간에 아무도 의견을 내지 않으면 정말로 진땀이 나지요. 그럴 때는 아직 아무 의견도 내지 않은 사람에게 **"어떻게 생각하나요?"**라고 물어보세요. 정말로 아무 의견이 없는 사람도 있는가 하면, 의견을 내는 것을 부끄러워하거나 귀찮아하는 사람도 있을 거예요. 그런 사람에게는 "○○는 어떤 의견이 좋나요? A인가요, 아니면 B인가요?", "찬성입니까? 반대입니까?"와 같이 선택지를 주는 것도 좋아요. 또는 "1조부터 차례로 의견을 내 주세요."라는 식으로 모두에게 의견을 낼 기회를 주는 방법도 있답니다.

어떤 사람은 말하는 것보다 쓰는 것에 자신 있을 수도 있어요. 커다란 종이 한 장을 준비하여 각자의 의견을 쓰게 하거나, 메모지에 자신의 이름을 적지 않고 자유롭게 의견을 써내도록 하는 것도 좋은 방법이에요.

이런 식으로 사회자가 적극적으로 한 사람 한 사람에게 말을 건네고, 모두가 즐거운 마음으로 회의에 참여할 수 있게 유도해 보세요.

**사회자의 적극적인 태도가
회의를 활기차게 만든다.**

【반대 의견 내기】

반대 의견을 내고 싶지만 싫어할 것 같아서 말을 못 하겠어.

기본

"이렇게도 생각해 볼 수 있지 않을까?"라고 제안하듯이 말해 봐.

도전!

"그 의견도 괜찮지만 이런 의견도 있어."라고 하며 의견을 선택할 수 있도록 해 보자.

이 정도도 OK!

반대 의견을 낼 때는 상대방의 의견을 존중하는 걸 잊지 마.

상대방의 의견을 무조건 부정하지 말고 제안하듯이 반대 의견을 내 보세요.

    반대 의견을 낼 때 가장 주의해야 할 점은 상대방의 의견을 무조건 부정하지 않아야 한다는 거예요.
    "그건 진짜 아니다!", "말도 안 돼. 어떻게 그런 의견을 내?" 라고 내뱉는다면, 상대방은 크게 상처를 받을 것이고 벌컥 화를 내며 되받아칠지도 몰라요.

그러니 상대방의 의견을 다짜고짜 무시하며 부정하기보다는 제안하듯이 반대 의견을 말해 보는 것이 좋아요. 의견을 직설적으로 말하는 것이 때로는 좋은 결과를 가져올 수도 있어요. 하지만, "이런 식으로 생각해 보는 건 어때?"와 같이 에둘러 말해도 충분히 자신의 의견을 잘 전달할 수 있답니다.

의견을 고를 수 있도록 해 보자.

의견을 모두가 자유롭게 고르도록 하는 것도 좋은 방법이에요. "○○의 의견도 괜찮은 거 같아. 그리고 내 의견은 이런데, 너희들 생각은 어때?"처럼 말이지요. 이렇게 하면 **'누구든 우리가 낸 의견을 자유롭게 고를 수 있어.'라는 의미가 전해질 거예요.** 그러면 상대방도 기분 나쁘지 않을 것이고, 여러분은 물론 다른 사람들도 편하게 의견을 낼 수 있답니다.

의견을 뒷받침할 자료를 준비하자.

의견을 내기 전에 먼저 자료를 찾아보세요. 특히 초등학교 고학년이 되었다면 더더욱 추천하고 싶은 방법이에요. **미리 자신의 의견을 뒷받침해 줄 자료들을 찾아 두지 않으면 제대로 된 의견을 내기가 어렵고, 자칫 말싸움만 하다 끝날 수도 있거든요.**

예를 들어, '환경을 보호하기 위해 모든 자동차를 전기 자동차로 바꿔야 할까?'라는 주제로 토론을 한다고 해 보아요. 이때 찾아보아야 할 자료로는 '일반 자동차가 환경에 미치는 영향', '전기 자동차의 장점과 단점' 등이 있겠지요.

다양한 자료를 모으다 보면 '저는 전기 자동차로 바꿔야 한다고 생각해요.', '저는 휘발유와 전기를 혼합한 하이브리드 자동차가 좋다고 생각합니다.'처럼 자연스럽게 여러분의 의견이 생기게 될 거예요.

토론을 할 때는 미리 준비한 자료를 사람들에게 보여 주면서 자신의 의견을 말해 보세요. 그렇게 하면 보다 깊이 있는 토론을 할 수 있답니다.

POINT

**남의 의견을 부정하지 않고
말하는 방법을 생각해 보자.**

【반대 의견 내기】

누가 내 의견에 반대하면 불안하고 초조해져!

내 의견이 그렇게 이상한가?

으아악~!

기본 — 내 의견에 반대하는 이유를 상대방에게 물어보자.

도전! — 내 의견과 상대방의 의견 중 일치하는 부분을 찾아봐.

이 정도도 OK! — "이 부분은 같은데, 이 부분이 다르구나!"라면서 의견을 정리해 보자.

누군가가 여러분의 의견에 반대한다고 해서 여러분을 비판하는 것이 절대 아니에요.

먼저 꼭 짚고 넘어가야 할 것이 있어요. 반대 의견이란 의견을 낸 사람 자체를 비판하는 것이 아니며, **어디까지나 그 사람이 말한 '의견'에 반대하는 것이에요.**

그러니 여러분의 의견에 반대하는 의견을 듣고 '저 사람은 나를 싫어하나 봐!'라고 생각하지 않도록 주의하세요. 그렇게 지레짐작해 버리면 하고 싶은 말을 편하게 꺼내기 어려워지고, 상대방에게 괜한 악감정을 품게 될 수 있으니까요.

반대하는 이유를 물어보자.

반대 의견이 나왔다면 상대방에게 **"반대하는 이유를 말해 주시겠어요?"** 라고 물어보세요. 발끈해서 "내 의견이 뭐가 나쁜데?"라고 쏘아붙이는 대신, 정중하게 말이에요.

어쩌면 상대방은 별 생각 없이 반사적으로 반대한 것일지도 몰라요. "아니, 그냥 반대하고 싶었을 뿐이야."라면서 말이에요. 그게 아니라면, 상대방의 반대 이유를 듣고 "아, 그런 식으로도 생각할 수 있겠구나!" 하고 여러분이 납득할 수도 있답니다.

두 의견이 일치하는 부분을 찾자.

각자 왜 그런 의견을 냈는지 이유를 상세하게 설명하면, 서로의 생각과 근거가 명확해질 거예요. 그러다 보면 **두 의견이 일치하는 부분을 찾게 될 거고요.** 보통 이 과정을 거치다 보면 **두 사람 모두 납득할 만한 새로운 결론이 나오는 경우가 많답니다.**

그렇기 때문에 **모두가 의견을 낸 다음에는 토론을 통해 더**

==욱 바람직하고 좋은 결론을 이끌어 내는 것이 중요해요.==

하지만 때로는 자기가 낸 의견이라도 의견을 뒷받침할 만한 이유를 설명하는 게 어려울 수도 있어요. 그럴 때는 여러분의 의견과 반대되는 의견을 꼼꼼히 비교해 보세요. 그럼 비슷한 부분과 다른 부분이 분명히 드러나겠지요? 의견이 일치하지 않는 부분에 초점을 맞춰 하나하나 살펴보다 보면 자신이 왜 그런 의견을 냈는지 이유를 찾을 수 있을 거예요.

이런 식으로 저마다의 생각을 정리하는 과정에서 반대 의견이 사실은 여러분의 의견과 거의 비슷한 내용이었다거나, 오히려 여러분의 의견을 보완해 주는 내용이었다는 것을 깨달을 수도 있답니다.

그러니 반대 의견이 나오더라도 '뭐야, 왜 반대하는 거야? 짜증 나!'라고 화를 내는 대신 서로의 의견을 더욱 깊이 이해하도록 노력해 보세요.

> 반대하는 이유에 대해 이야기를 나누면,
> 서로가 납득할 만한 결론을 찾을 수 있다!

【토론하기】

나도 토론에 참여하고 싶은데, 어떤 역할을 하면 좋을까?

나한테 어울리는 역할이 있을까?

① 토론 내용을 기록하고 정리하는 역할을 맡아 봐.

② 무엇에 대해 생각해야 할지 제안하는 역할은 어때?

③ 토론이 잘 진행되도록 도와주는 역할도 있어.

토론에서 필요한 것은 의견을 내는 사람만이 아니에요.

 ① 나온 의견들을 기록하는 역할

좋은 토론에는 좋은 '흐름'이 있기 마련이에요. 이때의 흐름이란 사람들이 저마다의 의견을 말하고, 나온 의견들을 칠판이나 화이트보드에 적고, 그것들을 바탕으로 이야기가 계속 진행되는 것이에요.

이런 흐름에 따라 토론을 진행하면 똑같은 이야기가 몇 번씩 나오거나, 이야기가 앞으로 나아가지 못하고 빙빙 맴도는 것을 막을 수 있어요.

학급 회의를 할 때 모두 같은 이야기만 되풀이해서 회의가 전혀 진행되지 않았던 적이 한 번쯤은 있을 거예요.

그럴 때는 이제까지 나온 의견들을 모두가 볼 수 있게 칠판에 적어 두세요. 그러면 사람들은 '이 의견은 이미 나왔으니 말하지 않아도 돼.', '이 의견은 ○○와 같은 의견이야.'라고 생각하면서 같은 이야기를 되풀이하지 않도록 신경 쓸 테니까요.

지금까지 나온 의견을 적어 둘 테니 확인해 주세요!

이렇듯 토론이나 회의에서 오간 말들을 기록하는 사람을 '서기'라고 해요. 서기는 단순히 의견을 받아 적는 것 외에도 여러 의견을 종합하고 정리하는 역할도 하지요. "지금까지 나온 의견을 정리하면 이렇습니다.", "지금까지 나온 의견은 3가지로 정리할 수 있습니다."처럼 말이에요.

서기가 있으면 아무리 많은 의견이 나와도, 토론이 매끄럽게 진행될 뿐 아니라 결론도 쉽게 낼 수 있답니다.

② 무엇에 대해 생각해야 할지를 제안하는 역할

짜임새 있는 토론을 위해서는 지금 무엇에 대해 생각해야 할지 제안하는 역할도 필요해요. 토론을 할 때면, 주제와 관련하여 어떤 이야기를 해야 할지 저마다의 생각이 있을 거예요. 그때 **"우선은 ○○에 대해 생각해 봅시다!"** 라고 제안해 주는 사람이 있으면 토론이 순조롭게 진행되지요.

자, 이제부터는 ○○의 의견에 대해 이야기 해 봅시다!

이런 제안을 해 주는 사람은 토론의 전체적인 흐름을 파악하고, 각 단계에서 무슨 이야기를 해야 하는지 안내해 주기 때문에 진정한 토론의 리더라고 할 수 있답니다.

③ 토론이 막힘없이 진행되도록 돕는 역할

또 하나 중요한 역할이 있어요. 다른 사람의 의견을 듣고 **"그렇다면 이렇게 생각해 보는 건 어떨까요?"** 라며 이야기를 새로운 방향으로 이끌어 주는 사람이지요.

대부분의 소설이나 만화는 '**기승전결**'의 방식으로 이야기를 풀어 나가요. 각각, 이야기가 시작되는 '기', 시작된 이야기를 이어받아 진행시키는 '승', 이야기의 흐름이 크게 바뀌는 '전', 이야기가 마무리되는 '결'을 의미하지요.

　좀처럼 앞으로 나아가지 못하는 토론은 대부분의 경우 이야기의 흐름이 바뀌는 '전'이 없기 때문이에요. 그러므로 새로운 방향을 제시하여 토론을 '승'에서 '전'으로 이끌어 주는 역할도 무척 중요하답니다.

(**자신이 할 수 있는 역할에 도전해 보자!**)

【의견 정리하기】

의견이 너무 많이 나와서 정리가 하나도 안 돼!

기본 — 종이에 하나하나 적어 가면서 정리해 보자!

도전! — 2가지 의견을 합쳐 보는 것도 괜찮은 방법이야.

이 정도도 OK! — 회의를 통해 무엇을 결정해야 하는지 종이나 칠판에 적어 두면 편해.

의견을 정리할 때는
일단 적고 봅시다.

토론이나 회의를 할 때 다양한 의견이 나오는 것은 반가운 일이지만, 누군가는 그 의견들을 정리해야 하지요. 그건 결코 만만한 일이 아니에요. 혼자서 의견을 정리하다 보면 '이런 의견이 있었던가?', '아까 ○○가 무슨 이야기를 했더라?' 하고 기억이 잘 나지 않을 수도 있으니까요.

기억을 못하는 것은 다른 사람들도 마찬가지일 거예요. 다른 사람들의 의견을 듣다 보면 자기가 무슨 의견을 냈는지 잊어버려서 '내가 아까 무슨 말을 했더라?'라며 되묻는 일도 생기지요.

그러니 **의견이 나오면 바로바로 적어 두세요.** 공책이나 수첩도 좋고, 칠판이나 화이트보드도 상관없으니 누군가 의견을 말하면 어디에든지 일단 적고 보세요.

다만 다른 사람들의 의견을 그대로 적지 말고, **핵심만 요약하여 짧게 정리하는 것이 좋아요.**

의견들을 써서 한데 모아 놓고 보면 비슷비슷한 의견이 계속 반복되고 있다는 것을 알 수도 있고, 의견들이 크게 2가지로 나뉜다는 것도 발견할 수 있을 거예요.

만약 의견이 나뉜다면, 각각의 의견이 어느 쪽에 동의하고 있는지 알기 쉽게 '찬성', '반대' 표시를 붙여 두면 편하답니다.

또 의견들을 잘 살펴보면 **'이 의견과 저 의견을 합치면 어떨까?'** 라는 생각이 들기도 할 거예요. 서로 다른 의견들을 합치면 의외로 아주 좋은 의견이 되는 경우가 많거든요.

예를 들면, '청소 시간에 땡땡이치는 사람이 없도록 하려면 어떻게 해야 할까?'라는 주제로 회의를 한다고 해 보아요. 어떤 아이가 "청소반장을 정해서 아이들이 청소를 잘하고 있는지 지켜보게 하자."라는 의견을 냈고, 다른 아이는 "가장 열심히 청소한 아이에게 상을 주자."는 의견을 냈어요. 이 2가지 의견을 합쳐 보면, "청소반장이 가장 열심히 청소한 아이를 뽑고, 그 아이에게 상을 주자."는 새로운 아이디어가 나올 수 있겠지요?

이런 식으로 의견을 써 두고 찬찬히 살펴보면, 의견과 의견을 합쳐 새로운 아이디어를 찾아낼 수 있어요.

그리고 되도록이면 **토론이나 회의를 시작하기 전에, 결정해야 할 일 또는 목표를 종이나 칠판에 적어 두세요.** 그러면 모두가 '오늘은 ○○에 대해서 이야기하는구나.'라고 분명히 알 수 있어서 엉뚱한 이야기를 하지 않을 것이고, 의견도 활발하게 낼 테니까요.

(**의견을 정리할 때는 일단 적고 보자!**)

【적으면서 의견을 정리하자!】

캠핑 때 먹고 싶은 메뉴

| 카레 | 바비큐 | 라면 |

돼지고기를 반씩 사용하면 카레랑 바비큐를 모두 만들 수 있겠는걸!

[발표하기]

사람들 앞에서 발표할 때 무엇을 신경 써야 할까?

긴장하면 목소리가 작아진단 말이지.

기본 — 최대한 밝게 이야기해 보는 거야!

도전! — 자료를 미리 준비해 두면 긴장하지 않고 발표할 수 있어.

이 정도도 OK! — 자신감이 없을수록 목소리를 크게 내 보자!

밝게 이야기하는 것이 가장 중요해요.

　많은 사람들 앞에서 발표를 할 때는 "이것은 이렇게 하는 것이 좋습니다.", "저는 이렇게 생각합니다."라고 자신의 의견을 누구나 이해하기 쉽게 전달하는 것이 중요해요.
　그렇다면 어떻게 해야 잘 전달할 수 있는지 몇 가지 방법을 알아보아요.

밝고 큰 목소리를 내자!

    무엇보다도 가장 중요한 것은 바로, **밝게 이야기하는 거예요.** 고개를 푹 숙이거나 시무룩한 표정으로 중얼거리지 말고, 듣는 사람들을 똑바로 바라보면서 밝고 씩씩하게 이야기하면 누구나 '와! 이 사람 발표 잘한다.'라고 생각할 테니까요.

    큰 목소리를 내는 것도 중요해요. 자신감이 없을 때는 나도 모르게 목소리가 작아질 때가 많지요. 기어들어 가는 목소리로 발표하면 듣는 사람들도 '저 사람은 자신이 없나 봐.'라고 생각하거든요.

    그렇기 때문에 자신감이 없을 때일수록 더욱 큰 목소리로 말해 보세요. 그러면 없던 자신감도 갑자기 샘솟을 거예요.

자료를 준비해 두면 긴장감도 줄어든다.

발표하기 전에 미리 철저한 준비를 해 두는 것이 좋아요.

도표나 그래프가 들어간 자료를 보여 주면 사람들의 이해를 도울 수 있거든요. 커다란 종이에 주제와 발표할 내용을 간단하게 적어도 좋고, 컴퓨터나 태블릿을 사용할 경우에는 자료를 큰 화면으로 보여 주면 훨씬 효과적이에요.

이렇게 자료를 만들어 두면 발표할 내용을 잊어버리거나 빠뜨릴 일이 줄어들 테고, 발표를 듣는 사람들도 '이런 내용을 준비했구나.', '지금은 이 부분에 대해 설명하고 있어.'라며 여러분의 이야기에 더욱 집중할 수 있지요. 그렇게 되면 여러분의 긴장감도 한결 줄어들 거랍니다.

발표 내용은 종이 한 장으로 정리하자.

그리고 마지막으로, 발표를 하기 전에 **사람들에게 꼭 전해야 할 내용을 미리 '종이 한 장'에 정리해 두세요.** 길게 정리할 필요도 없고, 딱 한 장이면 충분해요. 종이 한 장이라면 간단히 채울 수 있을 테고, 발표할 때 꼭 해야 할 말을 적는 데에도 부족함이 없으니까요.

발표는 내 이야기를 듣는 사람들이 '이 사람이 하려는 말이 무엇인지 정확히 알겠어.'라고 느끼게 하면 성공이에요. 그러니 하고 싶은 말을 명확히 전달하기 위한 준비를 소홀히 하지 말아야겠지요?

(**발표는 준비 단계가 가장 중요하다!**)

[발표하기]

조금 있으면
발표 시작이야.
너무 긴장돼.
어쩌면 좋아!

뭐부터 해야 할지
하나도 모르겠어!

기본 나를 보고 고개를 끄덕여 주는 사람을 향해 말해 봐.

도전! 정말로 꼭 전해야 하는 내용을 따로 정리해 두자.

이 정도도 OK! 너무 걱정하지 마. 나만의 스타일로, 차근차근 말하면 돼!

자신만의 스타일로 차분히 말하면 된답니다.

사람들 앞에서 발표할 때 긴장하는 이유는 무엇일까요? 대부분의 경우가 '모두 나를 보고 있어.', '실수하면 어쩌지?', '사람들이 나를 어떻게 생각할까?'라는 생각에 지나치게 사로잡히기 때문이에요. 그렇다면 어떻게 해야 그런 생각에서 벗어나서 긴장하지 않을 수 있을까요?

내 이야기를 잘 들어 주는 사람을 향해 말해 보자.

　모두가 나만 뚫어지게 보고 있는 것 같아 긴장할 때가 있지요? 앞에 있는 모든 사람들이 매서운 눈으로 나를 감시하는 것만 같고, 작은 실수라도 잡아내려는 것처럼 느껴지고요.

　하지만 그건 사실이 아니에요. 사람들은 그저 여러분의 이야기를 가만히 듣고 있을 뿐이니까요. 게다가 그중에는 여러분의 이야기를 진지하게 들으면서 재미있어하는 사람들도 있을 거예요.

　더군다나 여러분과 친한 친구라면 여러분의 이야기를 들으면서 고개를 끄덕이기도 하고, 눈을 반짝이며 관심을 보이지 않을까요? 그러니 **많은 사람들 앞이 아니라 '내 이야기를 잘 들어 주는 사람'에게 이야기를 하고 있다는 생각을 가지면 긴장이 풀려서 차분하게 발표할 수 있답니다.**

제2장 학교에서 유용하게 쓸 수 있는 말하기 방법

잘 듣고 있으니, 걱정 마!

꼭 하고 싶은 말만 해도 충분하다.

혹시 쉽게 긴장하는 성격인가요? 그렇다면 발표할 때 굳이 말을 많이 할 필요는 없어요. 대신 '이것만은 꼭 말해야지!' 하는 것들을 따로 정리해 놓으세요.

잊어버릴 것 같으면 손바닥에라도 적어 두세요. 발표를 완벽하게 해내려는 생각을 버리고, '이것만 말해도 발표는 성공이야!'라는 마음가짐이면 충분해요.

마지막까지 자신만의 스타일을 잊지 말자.

발표 준비도 철저히 해 두었고 긴장감도 줄어들었다면, 이제는 자신만의 스타일로 차분하게 이야기하는 것만 남았어요. 사람들을 웃기려고 하거나 좋은 평가를 받으려고 무리하지 않아도 돼요. 대신 여러분이 말하고 싶은 내용을 정확하게 전달하는 데 집중하도록 하세요.

발표를 끝낼 때는 마무리를 잘 지어야 하겠지요? **"들어 주셔서 고맙습니다."** 도 좋고, **"이것으로 발표를 마치겠습니다. 감사합니다."** 라고 해도 좋아요.

예능 프로그램에서도 방송이 끝날 때면 연예인들이 각자 마무리 멘트를 남기잖아요? 발표도 마찬가지예요. 발표가 끝났음을 알리는 말을 준비해 두면 발표를 아쉬움 없이 마칠 수 있답니다.

이렇듯 자신만의 스타일로 차분하게 발표한다면, 여러분의 진심이 다른 사람들에게도 전해져서 발표가 무척 성공적으로 끝날 거예요.

'사람들이 나를 어떻게 생각할까?', '긴장해서 얼굴이 너무 빨갛게 된 건 아닐까?' 하고 신경 쓰면 쓸수록 민망함과 부끄러움만 커져요. 그러니 **'내가 어떻게 비치든지 발표와는 전혀 상관없어! 중요한 건, 하고 싶은 말을 확실하게 전하는 거야!'** 라는 마음으로 당당하게 발표해 보세요.

(**마지막까지 나답게 이야기하자!**)

제3장

긴장하지 않고 어른들과 대화할 수 있는 말하기 방법

선생님이나 친척 어른과 대화할 때 긴장이 돼!

　여러분이 만나는 사람들 중에는 같은 또래의 친구들만 있는 것이 아니라 나이 차이가 많이 나는 어른들도 있어요. 엄마, 아빠는 물론이고 할머니, 할아버지와 친척 어른, 학교 선생님과 학원 선생님 등등 다양한 사람들이 있지요.

　엄마랑 아빠와는 편하게 대화할 수 있어도 이상하게 다른 어른들에게 말을 건넬 때는 긴장하는 친구들이 있을 거예요.

　하지만 대부분의 어른들은 자신과 대화하고 있는 아이가 긴장하는 것을 바라지 않아요. 그러니 어른들 앞이라고 해서 움츠러들지 말고 또박또박 이야기해 보세요. 그러면 '참 야무진 아이구나!'라는 인상을 줄 수 있답니다.

　다만 자신감이 넘치다 못해 실례되는 말을 하는 일은 없도록 조심해야겠지요?

【감사 인사하기】

큰아버지가 수학 문제를 가르쳐 주셨는데, 뭐라고 감사 인사를 해야 할지 모르겠어.

그냥 가만히 있어도 되나?

기본   '고맙습니다.'라고 꼭 인사하자!

도전!   "저번에 가르쳐 주신 덕분에 시험을 잘 봤어요!"라고 말하는 것도 잊지 마.

이 정도도 OK!   감사의 마음을 편지에 적어서 전해도 좋아.

'고맙습니다.'
이 한마디면 충분해요.

사람과 사람 사이에서 감사를 표하는 것만큼 중요한 일도 드물 거예요. 그러니 **아무리 작은 것이라도 도움을 받았다면 "고맙습니다."라고 인사하도록 해요!** 선생님이나 친구, 가족뿐만 아니라 어린이들이 안전하게 학교에 갈 수 있도록 깃발을 들고 지켜 주시는 어른들 등 여러분은 항상 많은 사람들에게 도움을 받고 있어요. 그중에는 오직 '어린이들을 안전하게 지키고 싶다.'는 마음 하나만으로 봉사하시는 분들도 있지요. 이렇게 친절을 베푸는 사람들에게 여러분이 할 수 있는 일은 감사의 마음을 전하는 것이에요.

"**고맙습니다.**"라는 인사 한마디에 그분들은 충분히 보람을 느낄 수 있을 테니까요.

 도움을 받은 뒤에는 결과를 알려 주자.

누군가가 여러분에게 무언가를 가르쳐 주었다면, 그다음에 어떻게 되었는지 결과를 알려 주는 것이 좋아요.

예를 들어, 수학을 잘하는 친척에게 어려운 수학 문제를 물어보았다고 해 보아요. 친척이 가르쳐 준 방법대로 따라 했더니 비슷한 문제를 잘 풀 수 있게 되었다면, 나중에 꼭 감사 인사를 하세요. "**가르쳐 주셔서 문제를 잘 풀 수 있게 되었어요.**"라고 말이지요. 그러면 **상대방도 '가르쳐 주길 잘했네.'라고 생각할 것이고, 다음번에도 여러분의 부탁을 선뜻 들어줄 거예요.** 그러다 보면 친척과 대화도 더 자주 나누게 되고, 관계도 점점 더 가까워지게 되는 것이지요.

 **감사 편지를 보내자.**

상대방이 먼 곳에 살거나 직접 감사 인사를 전하기 어려운 상황이라면 편지를 보내는 것도 좋은 방법이에요. <mark>사실 감사의 마음은 글로 쓸 때 가장 효과가 좋거든요.</mark>

어른들의 세계에서도 누군가에게 도움을 받았다면 편지나 엽서로 고마움을 전하곤 한답니다. 요즘은 편지 대신 이메일이나 문자를 많이 쓰는 편이지만요.

감사의 마음을 손 편지나 엽서, 카드에 써서 보내도 좋고, 작은 쪽지에 '감사합니다!'라고 써서 건네도 괜찮아요.

내가 가르치고 있는 대학생들 중에는 선생님이 되기 위해 준비 중인 학생들이 많아요. 그 준비 과정 중에는 초등학교에서 한 달 동안 어린이들과 생활하고, 직접 수업도 해 보는 '교생 실습'이란 것이 있지요.

한 달 간의 교생 실습이 끝나고 마지막 날이 되면, 어린이들은 교생 실습 학생들에게 감사 편지를 전한답니다. 이 감사 편지는 자신이 정말 선생님이 될 수 있을지 불안해하는 학생들에게 매우 큰 힘이 되어요. "평생 소중히 간직할게요."라며 울먹이던 학생도 있을 정도니까요.

이렇듯 종이에 직접 써 내려간 글에는 굉장한 가치가 있답니다. 감사의 마음을 담은 글 한 줄이 어떤 때는 값비싼 선물보다도 더 소중하게 느껴질 수 있다는 걸 기억해 두세요.

(감사의 말은 그 자체로 가치 있는 선물이다.)

[부탁하기]

선생님께 드릴 말씀이 있는데 바쁘신 것 같아. 말을 걸어도 될까?

언제 말을 걸면 괜찮을까?

기본

"드릴 말씀이 있는데, 언제쯤 괜찮으세요?" 하고 대화가 가능한 때를 물어보자.

도전!

"○○에 대해 궁금한 것이 있는데, 10분 정도 시간을 내 주실 수 있을까요?"처럼 질문할 내용과 시간이 얼마나 걸릴지를 말하면 좋아.

이 정도도 OK!

"지금 잠시 시간 괜찮으세요?"라고만 물어봐도 괜찮아.

상대방이 바빠 보일 때, 쓸 수 있는 마법의 말

바쁘게 무언가를 하고 있는 사람에게는 좀처럼 말을 건네기가 어렵지요?

말을 건넬 타이밍을 맞추기도 쉽지 않고, 자칫 타이밍이 나쁘면 "나중에."라는 말을 들을 수도 있고요. 행여나 심기라도 거스르면 야단맞을지도 모르니까요.

하지만 **학교 선생님들은 아무리 바빠도 여러분의 질문에는 언제나 흔쾌히 대답해 주신답니다.** 그러니 궁금한 것이 있을 때는 선생님께 적극적으로 물어보세요.

상대방이 바빠 보일 때 사용할 수 있는 마법의 말이 하나 있어요. 따라 해 보세요. **"지금 잠깐 시간 괜찮으세요?"**

이렇게 말하면 상대방은 '내가 바쁜 걸 알고 배려해 주는구나.'라고 생각해 "시끄러워!"라고 버럭 소리치거나 대뜸 화부터 내지 않을 거예요. 선생님이라면 더더욱 "응, 괜찮아." 또는 "지금은 바쁘니까 나중에 이야기할까?" 하고 상냥하게 대답해 주실 거예요.

그런데 만약 "나중에."라는 대답을 들으면 도대체 그 '나중에'는 언제인지 궁금해지지요. 그럴 때는 "언제가 괜찮으세요?"라고 물어보고, 상대방이 괜찮다는 시간에 다시 말을 건네면 된답니다.

그리고 또 하나, 이 마법의 말을 한 단계 더 발전시킨 표현이 있어요. 그건 바로 "○○에 대해 궁금한 것이 있는

데, 언제 시간 괜찮으세요?"이지요.

이 표현의 좋은 점은 말을 건 이유에 대해 알려 주고 있기 때문이에요.

"아까 수업 시간에 배운 ○○에 대해 궁금한 것이 있어요." 혹은 "집안일로 드릴 말씀이 있어요."와 같이 하고 싶은 말을 미리 알려 주면 상대방은 마음의 준비를 할 수 있겠지요. '수업 시간에 이해가 안 되었던 부분을 가르쳐 주면 되겠구나.', '집에 무슨 일이 있는 건가?'처럼 말이에요. 뿐만 아니라 그 자리에서 바로 대답할 수 있는 내용인지, 아니면 시간을 내서 차분히 이야기해야 하는지도 판단할 수 있답니다.

"10분 정도 시간 있으세요?"처럼 시간이 얼마나 걸릴지를 알려 주는 것도 좋아요. 이야기할 내용이 길지 않다는 것을 넌지시 알려 주면 상대방도 '10분 정도라면 괜찮지.' 하고 시간을 예상할 수 있으니까요.

이처럼 바빠 보이는 사람에게 말을 걸 때는 상대방의 사정을 배려할 줄 알아야 해요. 누군가에게 말을 걸고 질문을 하는 것은 결국 그 사람에게 시간을 내어 달라고 부탁하는 것과 마찬가지니까요.

(상대방의 시간도 소중하다는 것을 명심하자!)

【바빠 보이는 사람에게 말을 걸 때는】

> 지금 잠시 괜찮으세요?

> ○○에 대해서 물어보고 싶어요.

> 언제쯤 시간 괜찮으세요?

> 10분 정도 시간 있으세요?

> 이런 식으로만 하면 문제없어!

(허락받기)

삼촌 집에서 재미있는 만화책을 발견했어! 허락 없이 읽으면 안 되겠지……?

| 기본 | "이거 읽어도 돼요?"라고 물어봐. |  |

| 도전! | 만화책을 빌렸다면 감사 인사를 꼭 하자. |  |

| 이 정도도 OK! | "우아, 재밌겠다!"라고 말하고 나서, "읽어도 돼요?"라고 슬쩍 물어봐도 좋아. |  |

어른에게 부탁할 때는
분명하게 말하는 게 좋아요.

아주 무뚝뚝한 친척 어른에게는 "이 만화책 좀 읽을게요.", "빌려 가도 돼요?"라는 말을 꺼내기가 좀처럼 쉽지 않지요. 게다가 어른에게 뭔가를 부탁할 때는 긴장도 될 거고요.

하지만 대부분의 어른들은 누군가가 자신이 좋아하는 것에 관심을 보이면 기뻐한답니다. 특히 상대방이 어린이라면 더더욱 기특하겠지요? 자기가 재미있게 읽은 만화책에 친척 아이가 흥미를 보이면서 "읽어도 되나요?"라고 부탁하면 선뜻 허락해 주고 싶을 거예요.

그러니 일단은 용기를 내어 **"저 만화책, 읽어도 될까요?"**라고 물어보세요. 웬만하면 "그러렴." 하고 허락해 줄 테니까요. 단, 혼자 마음대로 읽지는 마세요. 먼저 어른에게 읽어도 되는지 꼭 허락을 받아야 해요.

그리고 **머뭇거리지 말고, 당당하게 "이 만화책 빌려주세요!"라고 말하면 어른들은 '시원시원하고 당차서 좋네.'라고 생각한답니다.** 혹시 '뻔뻔해 보이려나?', '안 된다고 하면 어쩌지?'와 같은 걱정은 잠시 접어 두고, "빌려주세요."라고 말해 보는 거예요.

삼촌, 이 만화책 읽어 보고 싶어요!

"우아, 재밌겠다!"라고 말해 본다.

다시 만화책 이야기를 해 볼까요? 읽고 싶은 만화책이 있을 때는 **"우아, 재밌겠다!"**, **"이거 저도 알아요!"**처럼 만화책에 대한 느낌을 먼저 말한 다음에 **읽어도 되는지** 허락을 받는 것도 좋아요. 그러면 상대방은 '나와 좋아하는 것이 비슷하네!'라면서 기뻐할 테니까요.

무슨 일이든지 부탁을 할 때는 이유를 말하는 것이 중요해요. 마트에서 가지고 싶은 물건을 보았을 때, 대뜸 "저거 사 주세요!"라고 말하면 핀잔을 들을 수 있지요. 하지만 **"동생이랑 사이좋게 가지고 놀고 싶어요."**, **"공부할 때 사용하고 싶어요."**처럼 이유를 분명하게 말하면 허락을 받기 쉬워진답니다.

 **만화책을 빌린 다음에는 어떻게 해요?**

만화책을 빌렸다면 반드시 조심조심 읽어야 해요. 그 만화책은 상대방이 직접 돈을 주고 산 소중한 물건이니까요. 그러니 **내 물건보다도 더 조심스럽게 다루도록 해요.**

그리고 만화책을 돌려줄 때는 감사 인사와 함께 "재미있었어요!", "다음 편도 기대돼요!"와 같이 짧게 감상을 전해 보세요. 그러면 빌려준 사람도 신이 나서 "나도 빨리 다음 편이 나왔으면 좋겠어!"라고 말할 테고, 즐겁게 대화를 이어 갈 수 있을 거예요. 어쩌면 다음에도 다른 만화책을 빌려주거나 만화와 관련된 이런저런 재미있는 이야기를 들려줄지도 몰라요.

무엇보다도 절대 잊지 말아야 할 것이 있지요? **빌린 물건은 반드시 돌려줄 것!**

POINT

(용기 내어 부탁해 보자.)

[칭찬하기]

옆집 아저씨가
그린 그림이
무척 멋지길래
"완전 대박!"이라고
했다가 엄마에게
눈총을 받았어.

기본 — 어른을 칭찬할 때는 신중하게 말해야 해.

도전! — "좀 더 보고 싶어요.", "정말 멋져요!"라고 해도 괜찮아.

이 정도도 OK! — "우아!"라는 감탄만으로도 충분히 마음이 전해질 거야.

어른을 칭찬할 때는 표현에 주의하세요!

한국어와 일본어는 세계 여러 나라 말 중에서도 어려운 편에 속해요. 그 이유는 상대방의 나이에 따라 써야 하는 말이 완전히 달라지기 때문이지요. 높임말을 써야 하는 것은 물론이고, 어른들에게 써서는 안 되는 표현도 있으니까요. 이 모든 것을 구분하기란 결코 쉬운 일이 아니에요.

여기서 말하는 '어른'이란 여러분보다 나이가 많은 사람을 뜻해요. 어른에게는 예의를 갖추어야 한다는 건 너무나 잘 알고 있을 거예요.

그러니 어른의 그림이나 악기 연주 등을 칭찬할 때, 친구에게 말하듯이 "대박 좋아요!", "완전 짱이에요!"라고 하는 것은 **실례예요. 어른을 칭찬할 때는 말에 신중해야 한답니다.**

'나쁜 말을 한 것도 아니고 칭찬을 했을 뿐인데, 굳이 왜 그렇게까지 신중해야 해?'라고 생각할 수도 있지만, 칭찬도 결국 상대방의 능력이나 그 사람이 내놓은 결과물을 평가하는 것이니까요. 마치 여러분이 받는 생활 통지표처럼 말이지요. 이런 평가는 보통 윗사람이 아랫사람에게 하거나 혹은 비슷한 위치에 있는 사람에게 하는 것이에요.

그렇기 때문에 어른을 칭찬한다는 것은 자칫 '아랫사람이 윗사람을 평가한다.'라고 받아들여져, 사람에 따라서는 무례하다고 생각할 수 있어요.

그렇다면 어떻게 표현하는 게 좋아요?

어른의 작품에 감동받아 어떻게든 자신의 마음을 전하고 싶을 때가 있을 거예요.

그럴 때는 **"우아, 정말 멋져요!"**, **"너무 근사해요!"**와 같이 짧은 감상만으로도 충분하답니다. 조금 더 어른스러운 말을 쓰고 싶다고요? 그렇다면 **"이런 근사한 작품을 보여 주셔서 고맙습니다."**, **"더 많은 작품을 보고 싶어요."**라고 말할 수도 있어요. **"우아아아!"** 하고 환호성을 지르거나 박수를 치는 것도 좋은 방법이에요.

칭찬 대신 질문을 해 보는 것도 괜찮아요. **"어떻게 하면 이런 그림을 그릴 수 있나요?"**, **"이 예쁜 색은 어떻게 만드는 건가요?"**와 같은 질문은 '저는 이 작품에 푹 빠졌어요.'라는 마음이 잘 전달되기 때문에 상대방은 분명 여러분의 질문에도 기꺼이 대답해 줄 거예요.

단, 주의할 게 하나 있어요. **지나치게 과장된 칭찬은 하지 않는 것이 좋아요.** 과장되고 어색한 칭찬에서는 진실성이 느껴지지 않는 법이니까요. 이것은 어른들에게뿐만 아니라 그 누구를 칭찬하든지 간에 늘 명심해야 할 부분이에요.

너무 과장된 칭찬은 상대방으로 하여금 '솔직히 그렇게까지 칭찬할 정도는 아닌 것 같은데…….', '이건 그냥 빈말이겠지.'라고 여러분의 마음을 의심하게 만들 수 있답니다.

(**짧은 감상과 질문만으로도
마음을 충분히 전할 수 있다.**)

【올바른 높임말은 어느 쪽일까?】

집에 혼자 있는데 전화가 왔어. 받아야 해? 말아야 해?

기본 — "지금 엄마, 아빠가 바쁘셔서 전화를 받을 수 없어요."라고 말하자.

도전! — 누가 무슨 일로 전화했는지 물어보고 메모해 두자.

이 정도도 OK! — "지금 집에 저 혼자만 있어요."라고 말하면 안 돼!

집에 혼자 있더라도 "지금 엄마, 아빠가 바쁘셔서 전화를 받을 수 없어요."라고 합시다.

전화를 받을 때는 왠지 가슴이 콩닥콩닥하지요? 특히 집으로 걸려 온 전화라면 모르는 사람과 대화해야 하는 경우도 있어 긴장감은 더욱 커질 거예요.

집에 어른이 아무도 없고 여러분 혼자 있을 때는 어쩔 수 없이 전화를 받을 수밖에 없지요. 그럴 때 반드시 지켜야 할 것이 하나 있어요! 바로 '지금 집에 아무도 없어요.'라는 말은 절대 하지 말 것! 아무리 전화를 건 사람이 엄마, 아빠와 아는 사이라고 하더라도 "지금 두 분 다 바쁘셔서 전화를 받을 수 없어요."라고 말해야 해요.

이렇게 해야 하는 아주 중요한 이유가 있답니다.

그건 바로, 나쁜 마음을 품고 전화를 거는 사람이 있을 수 있기 때문이에요. 여러분의 집 상황을 슬쩍 알아보기 위해서 말이에요.

만약 여러분이 "지금 집에 저밖에 없어요."라고 말하면 전화를 건 나쁜 사람은 '저 집에는 지금 아이 혼자 있구나.'라고 생각하고, 여러분 집에 들어가려고 할 수도 있어요. 게다가 여러분에게 몹쓸 말을 할지도 모르고요.

그러니 반드시 "**집에 어른은 있지만, 바쁘셔서 전화를 받을 수 없어요.**"라고 대답하세요. 아무리 상대방이 부모님과 아는 사이라고 하더라도 마찬가지예요. 나쁜 사람이 부모님과 아는 사람인 척 거짓말을 하고 있는지도 모르니까요.

 상대방의 이름과 전화한 이유를 물어보자.

또한 **전화를 받으면, 전화를 건 사람의 이름과 전화를 건 이유를 물어보고 메모해 두세요.**

"**이름을 말씀해 주세요.**", "**무슨 일로 전화하셨어요?**"라고 묻고, 상대방이 대답해 주면 "**엄마, 아빠께 전해 드릴게요.**" 하고 전화를 끊으면 돼요.

전화를 건 사람 입장에서도 자신의 이름과 말하려는 내용을 여러분이 대신 전해 주면 무척 고마울 거예요.

만약 전화한 사람이 나쁜 사람이라면 절대로 자신의 이름을 밝히지 않을 거예요. 이름을 말하더라도 거짓으로 둘러댈 거고요. 그러니 이름을 제대로 알려 주지 않는 사람은 나쁜 사람이라고 생각해도 괜찮아요.

  이렇게 전화를 걸어 온 상대방의 이름을 물어보는 것만으로도 나쁜 사람을 가려내는 데 큰 효과가 있답니다.

(혼자 집에 있을 때는 스스로를
보호할 수 있는 방법을 알아 두자!)

[확인하기]

선생님이 숙제 내신 페이지에는 그림밖에 없어. 혹시 잘못 말씀하셨나?

숙제를 안 해도 되는 건가?

기본: "선생님, 그 페이지에는 숙제할 게 없어요!"라고 그 자리에서 바로 말해 보자.

도전!: 먼저 친구에게 확인한 다음에 선생님께 물어봐도 괜찮아.

선생님도 실수하실 때가 있답니다.

    선생님이 숙제할 페이지를 잘못 알려 주신 것 같은 경우에는 2가지 가능성이 있어요.
    하나는 정말로 선생님이 착각해서 페이지를 잘못 말한 경우이거나, 또 하나는 여러분이 잘못 들은 경우일 거예요.

어느 경우이든 그 자리에서 바로 확인하는 게 가장 좋아요.

"선생님, 그 페이지에는 숙제할 게 없는데요."라고 물어보면 된답니다.

만일 선생님이 실수한 것이라면 "아, 미안해. 그 페이지가 아니라 이쪽 페이지네."라고 다시 알려 주실 거예요. 그러면 그것으로 끝! "앗! 선생님이 잘못 알려 주셨어요~."라고 놀리기 없기!

여러분이 잘못 들은 경우라면 "죄송합니다. 제가 잘못 들었어요."라고 정중히 사과하도록 해요. 그렇게 하면 전혀 문제 될 게 없어요. 물론 앞으로 선생님 말씀을 더욱 주의해서 들어야 하겠지요?

 먼저 친구에게 확인해 보자.

만일 나만 잘못 들은 것일지도 몰라서 선생님께 물어보기가 망설여진다면 먼저 친구에게 확인해 보세요. **"방금 선생님이 몇 페이지라고 하셨어?"**라고 물어보고, 친구도 "어! 이 페이지에는 그림밖에 없는데?"라며 선생님의 실수를 알아차렸다면 그때 선생님께 말씀드리면 된답니다.

어떤 상황에서든 헷갈리거나 의심스러운 것이 있으면 그 자리에서 물어보는 것이 가장 좋아요. 누군가의 말을 오해하는 일은 대부분 제대로 확인하지 않았기 때문에 생기는 것이니까요. 그러니 마음에 걸리는 것이 있으면 망설이지 말고 바로바로 확인하세요.

게다가 여러분이 먼저 나서서 물어보면 같은 반 아이들에게도 도움이 될 거예요. 집에 돌아간 뒤에야 선생님이 페이지를 잘못 말씀하셨다는 것을 알아차리면 그때는 이미 너무 늦은 뒤니까요.

대학에서 학생들을 가르칠 때 학생들에게 **늘 머릿속에 넣어 두고 다니라고 입버릇처럼 말하는 것이 3가지 있어요.** 첫째, 무슨 일을 하든지 열정적으로 도전할 것. 둘째, 실수를 했다면 망설이지 말고 고칠 것. 셋째, 언제나 확인하고 또 확인할 것!

실수는 누구나 할 수 있어요. 선생님도 그렇고, 여러분도 그렇고, 우리 모두 실수를 하지요. **하지만 확인과 수정으로 우리는 더 나아질 수 있다는 걸 꼭 기억하세요.**

(**이상하다 싶으면 꼭 다시 확인하자!**)

제4장

SNS를 안전하고 즐겁게 사용할 수 있는 말하기 방법

꼭 SNS를 사용해야 한다면…….

오늘날 스마트폰이 누구나 가지고 있는 필수품으로 자리 잡으면서, 'SNS(소셜 미디어, 사회관계망 서비스)'도 빠르게 널리 퍼졌답니다.

SNS는 친구들과 간편하게 소통할 수 있는 편리한 기능이 많아요. 하지만 짧은 문장으로 의사소통이 이루어지는 경우가 많다 보니 오해가 생기기도 쉽지요. 또, SNS에서는 모르는 사람과도 쉽게 연락을 주고받을 수 있어 새로운 친구를 금방 사귈 수 있는 장점이 있지만, 나쁜 마음을 가진 사람이 언제든지 여러분에게 접근할 가능성도 있으니 주의가 필요해요.

솔직히 말하자면, 나는 초등학생들에게는 스마트폰이 꼭 필요한 물건은 아니라고 생각해요. 피치 못할 사정으로 가지고 다녀야 한다면 '통화 기능'만 있는 휴대폰으로도 충분하다고 봐요. 하지만 주변에서 친구들이 스마트폰을 자유롭게 쓰는 모습을 보면, 여러분도 덩달아 사용하고 싶어질 거예요. 그 마음도 물론 이해한답니다.

그렇기에 여러분이 스마트폰을 가지게 된다면, 사용하기 전에 가족과 충분히 의논하여 스마트폰을 어떻게 사용할 것인지 규칙을 정해 두는 것이 꼭 필요해요.

【SNS 사용하기】

SNS를 사용할 때 꼭 지켜야 하는 규칙을 가르쳐 줘!

어떤 규칙이 있을까?

① 모르는 사람과는 섣불리 대화하지 않는다.

② 다른 사람을 불쾌하게 하지 않는다.

③ 너무 오랜 시간 동안 하지 않는다.

④ 오해를 부르는 말을 하지 않는다.

SNS를 사용할 때 꼭 지켜야 할 4가지 규칙

① **모르는 사람과는 섣불리 대화하지 않는다.**

우리는 SNS를 통해 다양한 사람과 쉽게 이어질 수 있어요. 이것은 SNS의 아주 큰 장점이기도 하지만, 사실 아주 무서운 일이랍니다.

SNS에서는 서로에게 얼굴을 보여 주지 않고도 대화할 수 있어요. 그렇기 때문에 여러분이 '나와 나이가 비슷한 아이인가 보다.'라고 생각했던 대화 상대가 사실은 어른인 경우도 있을 수 있지요.

뿐만 아니라 여러분이 SNS에 올린 글이나 사진 등을 통해 모르는 사람이 여러분의 이름과 사는 곳, 다니는 학교 등을 알아낼 수도 있답니다. 이런 식으로 여러분의 개인 정보를 알게 된 누군가가 여러분을 만나러 오거나 "같이 놀자."고 말을 건네 올지도 몰라요.

그런 꼬임에 절대 넘어가서는 안 돼요. 모르는 사람과 함부로 만나서도 안 되고요. 애초에 그런 일이 일어나지 않도록, 여러분이 사는 곳이나 학교가 어디인지 알 수 있을 만한 글이나 사진은 SNS에 올리지 마세요. 만약 SNS를 사용하다가 곤란한 일이 생기면 바로 가족에게 말하도록 합시다.

② 다른 사람을 불쾌하게 하지 않는다.

SNS에 누군가를 욕하거나 무언가에 대해 헐뜯고 공격하는 글은 쓰지 않도록 해요.

SNS에 올린 글은 누가 볼지 알 수가 없거든요. 만일 여러분이 어떤 연예인에 대해 '싫어.', '짜증 나!'라고 썼는데, 그 연예인이 우연히 여러분이 올린 글을 보게 된다면 상처를 받고 무척 슬퍼지겠지요.

말은 어떻게 하느냐에 따라서 사람을 기쁘고 즐겁게 할 수도 있고, 칼날처럼 사람을 찌르고 벨 수도 있어요. 나쁜 말 한마디가 다른 사람의 마음에 돌이킬 수 없는 상처를 남기기도 하는 법이지요.

더구나 SNS나 인터넷에 근거 없는 험담을 올리면, 경우에 따라 '명예 훼손죄'나 '모욕죄'로 처벌을 받아 무거운 벌금을 물게 될 수도 있어요.

그러니 SNS에서 누군가를 욕하거나 헐뜯는 대신, 여러분이 좋아하고 즐거워하는 것에 대한 글과 사진을 올리면서 올바르고 슬기롭게 SNS를 사용합시다.

명예 훼손죄로 벌금형이나 징역형의 처벌을 받을 수도 있어.

③ 너무 오랜 시간 동안 하지 않는다.

SNS는 마치 수다와 같아서 시간 가는 줄도 모르고 계속 하게 되지요. 정신없이 SNS에 빠져 있느라 밤을 꼬박 새우는 경우도 있으니까요.

SNS를 하느라 잠을 제대로 못 자면 하루 종일 멍한 상태가 이어지고, 수업 시간에도 꾸벅꾸벅 졸아서 성적이 점점 떨어지게 될 거예요. 온통 SNS에만 신경을 쏟다 보니 다른 일에는 전혀 집중할 수 없게 되는 ‘SNS 중독’에까지 이를 수 있어요.

SNS 중독을 예방하기 위해서라도 ‘SNS는 하루에 1시간만 하기!’, ‘밤 9시 이후에는 하지 않기!’와 같은 규칙을 정하고, 지키도록 노력하는 것이 중요해요.

그리고 SNS 대신 책을 읽거나 운동을 하는 등 다른 즐길 거리를 찾아보도록 해요.

 ④ 오해를 부르는 말을 하지 않는다.

SNS에서는 주로 짧은 말로 대화를 주고받기 때문에 말뜻을 온전히 전하기가 어려울 수 있어요.

예를 들어, 한 아이가 실수를 저지른 후 스스로에게 실망하여 '정말 바보 같아.'라고 SNS에 글을 올렸다고 해 보아요. 분명 자기 자신에게 쓴 글이지만, 문장의 주어가 빠져 있다 보니 누구를 가리켜 쓴 글인지 정확히 알 수 없지요. 그렇기 때문에 사정을 모르는 사람들은 그 글을 보고 '나한테 바보 같다는 거야?'라고 오해할 수도 있답니다.

이러한 오해는 SNS에서 무척 흔하게 일어나요. 그러니 SNS에 글을 올릴 때는 **누구에게 일어난 일인지, 무엇에 관한 일인지, 언제 일어난 일인지, 어디에서 일어난 일인지 등을 모두가 알 수 있도록 쓰는 것이 중요해요.** 이렇게 확실하게 써 놓으면 필요 없는 싸움이나 오해를 줄일 수 있으니까요.

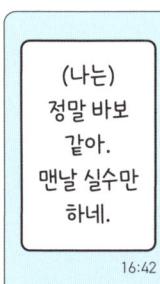

SNS에 글을 올리기 전에, 내 글을
누가 어떻게 받아들일지 생각해 보자.

【SNS 사용하기】

친구가 만든 그룹 채팅방에 초대받았는데, 들어가도 될까?

나만 빠지면 안 되겠지?

SNS나 모바일 메신저에는 여러 사람이 함께 메시지를 주고받을 수 있는 '그룹 채팅' 기능이 있어요. 혹시 이 그룹 채팅방에 들어갈지 말지를 두고 고민한 적, 한 번쯤 있지 않나요?

'친구가 만든 그룹 채팅방이니 들어가도 되지 않을까?', '나만 안 들어갔다가 거기서 내 흉을 보면 어떡해!'와 같은 생각들로 머릿속이 복잡해지지는 않았나요?

확실하게 말하자면, **굳이 억지로 그룹 채팅방에 들어갈 필요는 없답니다.**

만약 어쩔 수 없이 그룹 채팅방에 들어가야 하는 상황이라면, 채팅에 참가할 때 먼저 여러분이 어떤 규칙을 가지고 SNS 또는 모바일 메신저를 사용하는지 모두에게 일러두는 것이 좋아요.

예를 들어, **"답장이 늦어질 수도 있는데, 괜찮아?", "우리 집은 스마트폰 사용 시간이 정해져 있어서 메시지를 자주 확인하기 어려워."** 라는 식으로 말이에요.

이렇게 해 두면 답장이 조금 늦어져도 "왜 답장 안 해?"라는 핀잔을 들을 일도 없고, "○○는 밤 9시까지만 채팅을 할 수 있으니까 9시 이후에 나눈 이야기는 내일 읽고 대답해 줘."라고 배려를 받을 수도 있지요.

무엇보다 중요한 것은, 여러분 자신과 집단 사이에서 균형을 찾아야 한다는 것이에요. 그룹 채팅방의 분위기에 휩쓸려 정작 여러분의 시간이나 기분을 소홀히 해서는 안 되겠지요.

그러니 그룹 채팅방에서 대화를 할 때는 '나는 어떻게 하고 싶은가?'를 항상 떠올리도록 하세요.

그룹 채팅방에서 대화할 때 주의할 점.

여럿이 있는 공간에서 메시지를 주고받을 때는 자신이 하고 싶은 말을 조리 있게 잘하는 것만큼이나 다른 사람의 메시지를 잘 읽는 것도 중요해요.

그리고 다른 사람이 보낸 메시지가 마음에 들었다면 '**정말 좋은 생각이야!**', '**나도 찬성이야.**'라고 반응하는 것이 좋답니다. 마치 '좋아요' 버튼을 누르는 것처럼 말이에요.

또한 **모두 한 가지 주제에 대해 이야기하고 있는데, 그 주제와 전혀 상관없는 이야기를 꺼내서 대화의 흐름을 끊거나 분위기를 어색하게 만들지 않도록 해요.**

정말로 꼭 하고 싶은 이야기가 있다면, 이야기가 끝나기를 기다렸다가 적당한 순간에 '**이건 좀 다른 이야기인데,**'라고 하면서 새로운 화제로 넘어가도록 하세요.

얼굴을 마주 보며 대화할 때 '이야기의 흐름'을 자연스럽게 잇는 것이 중요하듯, SNS나 모바일 메신저로 대화할 때도 이 흐름을 잘 살펴야 한답니다.

> 그룹 채팅방에 참가한 다른 친구들은
> 어떻게 대화하는지 살펴보자.

【SNS 사용하기】

내가 보낸 메시지에 답장이 오지 않아. 혹시 무시당한 건가?

> 메시지를 읽었는데 왜 답장을 안 보내지?

답장이 오지 않는다고요? 그럴 때는 신경 쓰지 않는 것이 가장 좋아요. '읽음' 표시가 되어 있는데도 며칠, 심지어 몇 주가 지나도 답장이 없다면 '아, 이 사람은 원래 답장이 느리구나.' 혹은 'SNS를 잘 안 하나 보다.'라고 가볍게 넘겨 버리도록 하세요.

지금과는 달리 편지와 이메일로 연락을 주고받던 시절에는 답장이 늦어지거나 오지 않는 일이 훨씬 더 흔했어요. 상대방이 바빠서 답장을 보내지 못했거나, 단순히 답장하는 것을 깜빡한 경우가 많았지요. 요즘도 마찬가지예요. 그러니 답장이 오든 안 오든 개의치 않는 마음으로 메시지를 보내 보세요.

한 가지 팁을 알려 줄게요. '이렇게 하면 어때?', '거기서 만나는 거 알고 있지?'와 같이 상대방에게 무엇인가를 물어보는 메시지를 보냈는데 답장이 없으면 괜히 더 신경이 쓰이지요. 이런 경우에는 '이렇게 하고 싶어.', '거기서 만나자!'처럼 상대방의 답장을 기다릴 필요 없는 메시지를 보내는 것도 하나의 방법이에요.

 답장을 보낼 때는 되도록 빨리 보내자.

반대로 상대방이 불안해하지 않도록 하고 싶다면, 답장을 빨리 보내는 것이 좋아요.

  예를 들어, '숙제를 하다가 모르는 게 있어서 말이야. 좀 가르쳐 줄 수 있어?'라는 메시지를 받았는데, 하필 그 순간에 여러분이 너무 바빠서 제대로 가르쳐 줄 수 없는 상황이라면 어떻게 할 건가요? 바쁜 일이 끝나고 여유가 생길 때까지 답장을 미뤄야 할까요? 아니면 급한 일을 잠시 멈춰 두고서라도, 시간을 내어 자세히 가르쳐 주어야 할까요?

  이런 경우에는 우선 **'알겠어! 조금 이따가 자세히 가르쳐 줄게.'**라고 보낸 다음, 나중에 여유가 생겼을 때 답장을 보내는 것이 좋아요.

  여기서 중요한 것은, 상대방이 바라는 것을 지금 당장은 해 줄 수 없더라도 **일단은 '네가 보낸 메시지를 읽었어.'라는 뜻으로 답장해 주는 것이에요.** 그렇게 먼저 상대방을 안심시켜 두면 나중에 천천히 답장을 해도 괜찮답니다.

(**답장이 오지 않더라도 신경 쓰지 말자.**)

【메시지를 읽고도 답장을 하지 않으면?】

【'나중에 다시 연락할게.'라고 보내면?】

【SNS 사용하기】

SNS 때문에 너무 피곤해. 그런데도 계속해야 할까?

SNS를 잠시 그만둬도 괜찮을까?

너무 SNS에 매여 있다 보면 스트레스가 점점 쌓여 피곤해지지요. 그럴 때는 잠시 SNS와 거리를 두는 것도 좋은 방법이랍니다. 우리의 삶을 더 즐겁고 편리하게 하기 위해 사용하는 SNS인데, 도리어 SNS 때문에 마음이 지쳐서는 안 되잖아요?

SNS를 잠시 그만두기로 마음먹었다면, 먼저 친구들에게 "당분간 SNS를 쉬고 싶어."라고 솔직하게 말해 보세요. 그러면 대부분 이해해 줄 거예요.

SNS를 그만둔 뒤 시간이 많이 생겼다면, 친구들을 만나서 대화하는 시간을 늘려 보는 건 어떨까요?

대화는 단순히 말로만 이루어지는 것이 아니거든요. 표정과 몸짓, 손짓, 목소리의 미묘한 떨림 등 다양한 요소가 모두 모여 진정한 대화가 된답니다. SNS에서는 좀처럼 느끼기 어려운 것들이지요.

그러니 SNS에 지쳤다면, 이참에 SNS를 잠시 그만두고 친구들과 얼굴을 마주 보며 진정한 대화를 나누어 보세요.

POINT

(지쳤다면 잠시 쉬어 가자!)

【 맺는말 】

'모두 달라서, 모두가 좋아.'라는 마음으로
하루하루를 즐겁게!

 여러분 주변에는 여러분과 전혀 다른 생각을 가진 사람들, 다른 나라에서 온 사람들, 말 못할 사연을 품고 있는 사람들 등 밤하늘에 떠 있는 별의 개수만큼이나 다양한 사람들이 있지요.
 이렇게 다양한 사람들이 함께 어우러져 살아가는 것을 우리는 '다양성'이라고 합니다. 오늘날을 '다양성의 시대'라고들 이야기하지요.
 다양성의 시대를 맞이한 지금, 모든 사람을 있는 그대로 받아들이는 것이 마땅하다고 여겨집니다. 개개인의 차이는 '개성'이라는 이름하에 존중받아야 한다.'는 생각은 당연한 상식이 되었고요.
 하지만 모든 사람의 생각과 개성을 마치 자신의 것인 양 받아들일 수 있을까요? 아마 그러기는 어려울 것입니다.
 그렇기 때문에 나는 모든 사람을 '받아들이는' 대신 '인정하는' 것이 더 바람직하다고 생각합니다.

예를 들어, 누군가가 여러분이 도저히 받아들일 수 없는 의견을 내었을 때 무리해서 '이 사람의 의견을 받아들여야 해!'라고 할 필요가 없다는 것이지요. 대신 '아, 그렇게 생각할 수도 있구나.' 하고 그 사람의 말과 생각을 인정하는 것만으로도 충분합니다.

'나와는 생각이 다르지만, 이런 생각도 나쁘지 않네.'라고 인정할 수 있다면, 이 세상의 어느 한 사람도 똑같은 사람이 없다는 것을 깨닫게 될 것입니다.

사실, '다양성의 시대'가 오기 오래전부터 이미 '다양성'은 존재해 왔습니다.

'방울과, 작은 새와, 그리고 나, 모두 달라서, 모두가 좋아.'

이것은 가네코 미스즈 시인의 〈나와 작은 새와 방울과〉라는 유명한 시의 한 구절입니다.

지구가 생겨난 후부터 지금까지, 이 세상에는 줄곧 다양성이 넘쳐흐르고 있습니다. 그러니 부디 '모두 달라서, 모두가 좋아.'라는 한 구절을 마음에 새기고, 어떤 사람과도 서로 이해할 수 있는 말을 쓰도록 노력하기를 바랍니다.

사이토 다카시

글 사이토 다카시

1960년 일본 시즈오카에서 태어나 도쿄대학교 법학부를 졸업하고, 같은 대학원에서 교육학 연구과 박사 과정을 마쳤어요. 현재는 메이지대학교 문학부 교수로 지내며 학생들을 가르치고 있어요. 『신체 감각을 되찾다』로 '신쵸 학예상'을 받았고, 『소리 내어 읽고 싶은 일본어』는 '2002년 신조어·유행어 대상 베스트 10'에 선정되어 260만 부가 판매되며 '마이니치 출판문화상 특별상'을 받았어요. 다양한 분야에 대한 통찰력 있는 지식을 바탕으로 쓴 책들은 많은 독자의 마음을 사로잡아 누적 판매 1,000만 부 이상을 기록했어요. 주요 저서로는 『일류의 조건』, 『니체의 자존감 수업』, 『지적인 어른을 위한 최소한의 교양수업』, 『예의 있고 똑 부러지는 말투 쓰기』 등이 있어요.

옮김 고향옥

동덕여자대학교 일어일문과를 졸업하고, 같은 대학원에서 일본 문학을 전공했어요. 일본 나고야대학교에서 일본어와 일본 문화를 공부했어요. 『민담의 심층』, 『아포리아, 내일의 바람』, 『있으려나 서점』, 『아빠가 되었습니다만』, 『일러스트 창가의 토토』, 『오늘도 바쁜 완두콩 할머니와 누에콩 할아버지』 등 다양한 도서를 우리말로 옮겼어요. 『러브레터야, 부탁해』로 2016년 국제아동청소년도서협의회(IBBY) 아너리스트 번역 부문에 선정되었어요.

2025년 5월 2일 2쇄 인쇄 | 2025년 5월 9일 2쇄 펴냄
글 사이토 다카시 | 옮김 고향옥 | 펴낸이 안은자 | 기획·편집 김정은, 김민정 | 디자인 이슬이
펴낸곳 (주)기탄출판 | 등록 제2017-000114호 | 주소 06698 서울특별시 서초구 효령로 40 기탄출판센터
전화 (02)586-1007 | 팩스 (02)586-2337 | 홈페이지 www.gitan.co.kr

KONNA TOKI DOU IU? JITEN
Copyright ⓒ 2024 by Takashi Saito
All rights reserved
Original Japanese edition published by Sunmark Publishing, Inc.
Korean translation rights arranged with Sunmark Publishing, Inc.
through Eric Yang Agency Co., Seoul.
Korean translation rights ⓒ 2025 by Gitan Publications Co., Ltd.

· 이 책의 한국어판 저작권은 EYA를 통해 Sunmark Publishing과 독점 계약한 ㈜기탄출판에 있습니다.
· 신저작권법에 의하여 한국 내에서 보호를 받는 저작물이므로 무단 전재 및 복제를 금합니다.
· 잘못된 책은 구입처에서 교환해 드립니다.

KC마크는 이 제품이 공통안전기준에 적합하였음을 의미합니다.
제조국 : 대한민국   사용 연령 : 8세 이상
책장에 손이 베이지 않게 주의하세요.